자세 하나
바꿨을 뿐인데

사람들이
나를 대하는 게
달라졌다

언제 어디서도 위축되지 않을
나를 만드는 단 한 가지의 비밀

# 자세 하나
# 바꿨을 뿐인데
# 사람들이 나를 대하는 게
# 달라졌다

**초판 1쇄 인쇄** 2018년 8월 24일
**초판 1쇄 발행** 2018년 8월 31일

**지은이** 송영민

**기획편집** 김소영
**기획마케팅** 최현준
**디자인** Aleph Design

**펴낸곳** 빌리버튼
**출판등록** 제 2016-000166호
**주소** 서울시 마포구 양화로 15안길 3 201호(윤현빌딩)
**전화** 02-338-9271 | **팩스** 02-338-9272
**메일** billy-button@naver.com

**ISBN** 979-11-88545-25-4 03190
ⓒ 송영민, 2018, Printed in Korea

이 도서의 국립중앙도서관 출판예정도서목록(CIP)은 서지정보유통지원시스템 홈페이지(http://seoji.nl.go.kr)와
국가자료공동목록시스템(http://www.nl.go.kr/kolisnet)에서 이용하실 수 있습니다.(CIP제어번호:CIP2018025727)

내 삶에 몰입하는 시간, 플로우

언제 어디서도 위축되지 않을
나를 만드는 단 한 가지의 비밀

송영민 지음

# 자세 하나
# 바꿨을 뿐인데

# 사람들이
# 나를 대하는 게
# 달라졌다

플로우
FLOW

# 자세를 고쳐잡는 것의 힘

## 내가 당당했던 비결

모 대기업의 판매대리점 점주들을 대상으로 특강을 했을 때의 일이다. 이 교육을 의뢰한 회사는 대기업에 교육 위탁을 위임받은 업체였다. 강의 전날 밤 9시에 교육담당자에게 전화를 받았다. 내일 강의와 관련하여 대기업 쪽에서 한 가지 요청을 했다는 것이었다. 바른 자세 실습을 할 때 강사 혼자서 하면 분위기가 어색할 수 있으니 내일 아침 7시까지 와서 아르바이트생들에게 실습 내용을 미리 가르쳐주고, 강의할 때 그들이 함께 자세를 시연할 수 있게 해달라는 요구였다. 다음 날 아침 9시 강의인데 전날 밤에 전화로 이런 요청을 하는 것은 굉장한 무례였다. 그렇지만, 맡은 강의는 책임지고 한다는 평소 생각대로 일단 그렇게 하기로 했다.

다음 날 아침 7시에 강의장에 도착하니 황당한 일이 계속해서 이어졌다. 우선, 아르바이트생들이 7시 30분까지 오기로 되어 있다고 해서 나는 30분을 대기했다. 나중에 도착한 아르바이트생들은 나에게 자세를 배우고 다른 사람들을 지도하라는 말을 당일 처음 들었다고 했다. 게다가 그들에게 자세 실습 내용을 가르치고 리허설하는 중에 교육생인 대리점 점주 한 분이 강의장에 일찍 도착했다. 그러자 다른 교육담당자가 교육생에게 폐가 된다고 다른 장소에 가서 리허설을 하라는 것이었다.

그들은 나에게 분명 갑질을 하고 있었다. 그들의 행동과 말투에서는 강사는 돈을 받고 와서 강의만 해주면 되는 '을'이고 자신들은 강사를 고용하는 '갑'이라는 인식이 강하게 드러났다. 실제 그 회사 직원들의 대화에는 '갑을'이라는 단어들이 자주 사용되기도 했다.

나는 몹시 당황스러웠고, 화가 났다. 자존감이 바닥까지 떨어지는 느낌이 들었다. 그 상황을 도저히 참을 수 없었다. 담당자에게 이 상황의 문제점에 대해 말하기로 결심했다. 그런데 그 결심을 하자마자 몸에서 스트레스 반응이 일어났다. 근육이 긴장이 되고 자세가 구부정해졌다. 이 상태로 담당자를 찾아간다면 스스로 약한 사람이라는 것을 드러내는 꼴이었다. 구부정한 자세 탓에 담당자에게 '저는 긴장되어 있고 떨리고 당신들에게 겁을 먹고 있습니다'라는 메시지를 던질 것이 뻔했다.

나는 마음을 진정시키기 위해 일단 심호흡을 했다. 그런 다음 배에 힘을 주고 몸을 세우고 어깨에 힘을 뺐다. 그리고 담당자에게 찾아가 내가 지금 겪고 있는 일들을 이야기했다. 이 일들은 계약되지 않은 내용임을 분명히 강조했다. 시간당 비용을 지급받는 프로 강사로서 이런 추가적인 업무 요구는 부적절함도 이야기했다. 그런 뒤 마지막으로 차분하고 강한 어조로 다음과 같이 말했다.

"저는 강의를 진행할 수 없습니다."

가장 긴장되는 이 말을 할 때는 등을 구부리고 어깨를 움츠리고 싶어 미칠 지경이었다. 그러나 그럴수록 더 배에 힘을 주고 몸을 세웠다. 그리고 움츠러드는 어깨를 의도적으로 펴려고 노력했다.

담당자는 당황하는 듯했다. 그는 잠시 생각하더니 자신들의 미숙한 운영과 행동에 대해 잘못이 있었음을 시인했다. 그리고 나에게 정중히 사과했다. 나는 담당자들에게 충분한 사과를 받은 뒤에도 많은 고민을 했지만 교육생들이 이미 앉아 있는 상태여서 강의를 진행하기로 결정했다.

1주일 뒤, 모르는 번호로 전화가 왔다. 해당 위탁업체 대표였다. 그는 그날 일에 대해 사장으로서 정중히 사과를 했다. 그리고 나에게 다른 강의를 여러 건 의뢰하겠다고 했다. 그러나 나는 거절했다. 그 제의를 승낙했다면 많은 돈을 벌 수 있었겠지만 의뢰를 거절함으로써 자존감을 지킬 수 있었다.

만약 담당자에게 의견을 말하는 과정에서 내 자세가 구부정했다면 어떤 결과가 나왔을까?

## 바른 자세는
## 삶과 죽음의 운명도 가른다

2015년 가을, 독립을 하기로 마음을 먹었다. 직장 생활의 미래가 불투명했고 더 나은 내 삶을 만들고 싶어서 하게 된 결심이었다. 회사를 그만두고 초반 몇 개월은 그럭저럭 버틸 만했다. 고정적인 수익이 되는 일이 있었고 정기적인 강의가 있었다.

위기는 이듬해 여름에 찾아왔다. 모든 수입이 한순간에 사라지는 것을 경험했다. 고정적인 수익이 되는 일이 사라졌고 강의는 단 한 건도 잡히지 않았다. 그나마 잡혀 있던 강의 하나는 취소가 되어버렸다. 내가 할 수 있는 것이라곤 블로그나 소셜네트워크를 통해 홍보 글을 올리는 것뿐이었다.

수입은 없고 시간은 많으니 마음이 우울해지기 시작했다. 앞으로 어떻게 지내야 할지에 대한 막연한 불안감이 엄습했다. 자존감은 바닥을 쳤고 점점 무기력해져만 갔다. 수입 문제를 떠나 내 마음속에 가득 찬 무력감이 가장 큰 문제였다. 이 무력감을 어떻게든 없애야 했다.

일단 공원에서 달리기를 하기로 했다. 다행히 나는 스포츠의

학을 전공했기에 달리기가 몸에 어떤 긍정적인 효과를 주는지 잘 알고 있었다. 달리기를 하면 심장이 활발히 뛰고 혈액순환이 원활해진다. 그리고 엔도르핀 호르몬이 분비되어 일시적으로 기분이 좋아진다.

힘든 마음을 추스르며 매일 공원을 세 바퀴씩 규칙적으로 달렸다. 달리기를 하니 정말 기분이 좋아졌다. 땀을 흘리니 나를 둘러싼 많은 좋지 않은 일들이 단순하게 느껴졌다. 그러나 문제는 달리기를 하지 않는 시간이었다. 달리기를 할 때는 기분이 나아졌지만 그렇지 않은 평소에는 좀처럼 우울감이 사라지지 않았다.

어느 날 우연히 서재 책장에 꽂혀 있던 《죽음의 수용소에서》라는 책이 눈에 들어왔다. 이 책은 빅터 프랑클 박사가 제2차 세계대전 때 유대인 강제수용소인 아우슈비츠에서 경험한 일과 깨달은 내용을 다룬 책이다. 이 책을 읽으면 어떤 식으로든 현재 내 상황이 위로가 될 것만 같았다.

책을 읽던 중 문득 한 단락이 눈에 들어왔다. 빅터 프랑클 박사와 동료들은 항상 가스실 앞에서 삶과 죽음의 경계에 놓이곤 했다. 수용소 감독관들은 수시로 가스실 앞에서 수용자들을 한

줄로 세웠다. 이 줄은 삶과 죽음을 결정하는 줄이었다. 감독관의 지시에 따라 수용자들은 각자 차례가 오면 어떤 사람은 가스실로 보내졌고 어떤 사람들은 살아남았다.

가스실로 선택되는 기준은 알지 못했다. 그저 감독관이 눈으로 보고 건강 상태를 판단하는 것이 전부였다. 확실한 것은 가스실에 들어가지 않은 사람들은 그나마 건강해 보이는 사람들이었고, 살아남은 사람들은 죽지 않는 대신 고된 노동에 시달린다는 것이었다. 빅터 프랑클 박사와 동료들이 가스실로 보내지지 않기 위해 할 수 있는 것은 단 하나뿐, 조금이라도 더 건강하게 보이는 것이었다.

그들은 생존을 위해 두 가지를 했다. 일단 버려진 유리 조각을 몰래 주워와 면도를 했다. 수염을 자르고 조금이라도 청결하게 보이려고 했다. 두 번째로 고된 노동과 터무니없이 부족한 배식으로 인해 점점 기력을 잃어가는 상황 속에서도 끊임없이 몸을 세우고 걷고자 노력했다. 몸을 세우는 것을 통해 감독관들에게 다른 수용자들에 비해 일을 할 수 있는 건강 상태임을 보여주고자 했다.

빅터 프랑클 박사는 결국 이런 의지를 바탕으로 힘든 고초를 이겨내며 살아남았다. 그리고 종전 이후에도 이 경험을 바탕으로 인간의 삶에 '의지'가 중요함을 강조하는 심리학의 주요 학파인 '로고테라피'를 창시하게 된다.

책을 읽고 나서 내 자세를 돌아보았다. 내 자세는 매우 구부정했다. 나는 건강하지 못하고 아무것도 할 수 없는 사람이라고 말하는 것만 같았다. 내 자세는 현재 삶의 의지가 매우 나약하다는 것을 말해주고 있었다. 이래선 안 되겠다 싶었다. 당장 자세를 고쳐잡았다.

## 자세만 바꾸었는데
## 사람들이 나를 주목한다

그날 이후 나는 평소보다 바른 자세를 잘 취하려고 노력했다. 밥을 먹을 때, 노트북 앞에 앉아 일을 할 때, 지하철 안에서 틈나는 대로 의도적으로 바른 자세를 했다. 그러다가도 우울감이 들면 어김없이 자세가 구부정해지기도 했지만 그럴 때일수록 더욱 몸을 세우려고 노력했다.

이렇게 바른 자세를 신경 쓰니 조금씩 마음에 활력이 생기는 것 같았다. 몸에 생기가 돌고 긍정적인 마음이 생겼다. 특히 바른 자세로 걸으면 남들이 나를 주목하는 느낌이 들었다. 마치 런웨이를 걷는 모델처럼 세상의 주인공이 나라는 생각이 들었다. 자세만 바꾸었을 뿐인데 자신감이 느껴졌다. 몸에는 활기가 돌았고 머릿속에는 에너지가 넘쳤다. 자세 하나 바꾸었을 뿐인데 다른 사람이 된 것 같았다. 내가 소중한 존재라는 느낌이 들었다. 내 우울감은 바른 자세를 통해 그렇게 조금씩 극복되었다.

나는 이 경험을 바탕으로 바른 자세에는 어떤 큰 가치가 있음을 알게 되었다. 단순히 건강을 좋게 하는 기술의 관점에서 벗어나 더 다양한 관점에서 자세를 바라봐야 한다는 영감을 얻게 되었다. 나는 곧장 인터넷에서 여러 자세 정보를 탐색하고 논문들을 찾아보았다.

그러다가 신기한 점을 한 가지 발견했다. 우리나라 포털사이트에서는 인터넷에서 '자세'라는 단어를 검색하면 온통 병원이나 한의원이 나오고 '건강 제품'들이 나열되는데, 외국 포털사이트에서는 '자신감, 마음, 습관'과 같은 다양한 키워드가 포함된 글이 검색되었다. 물론 건강 관련 글이 차지하는 비중이 적지 않았지만 그것보다 더 다양한 영역에서 자세와 관련된 이야기들이 나왔다. 자세교정과 관련된 제품들조차 건강 관련 기능을 강조하지 않았다. 자신들의 제품을 통해 당당한 모습, 매력 있는 사람, 긍정적인 마인드를 가진 사람으로 변화시켜준다는 '가치'를 강조했다.

이 과정에서 나는 자세와 관련된 호기심을 해결하는 데 중요한 실마리를 찾게 되었다. 자세와 관련된 여러 연구들이 결코 건강만을 위한 수동적인 관점에서 실시되는 것은 아니었다. 자세 연구는 마음 컨트롤, 리더십, 스트레스 해소, 신체 퍼포먼스 향상과 같이 인간을 둘러싼 다양한 영역에서 능동적인 관점으로 이루어지고 있었다.

그 뒤로도 나는 자세와 관련한 여러 분야의 연구 자료와 전문가의 글들을 찾아보았다. 마치 드넓은 바닷가에서 인간에게 필요한 자원을 탐사하듯이 바른 자세가 가지고 있는 새로운 가치를 찾기 위해 자료를 찾고 또 찾았다.

## 몸과 마음이 바뀌는 스위치,
# 바른 자세

결론적으로 나는 바른 자세의 가치가 평소 알려진 것보다 훨씬 크고 다양하다는 것을 알게 되었다. 밝혀진 연구결과들을 토대로 몇 가지를 예로 들면, 우선 바른 자세는 사람과의 관계에서 자신의 태도를 나타낸다. 자세가 바르냐 구부정하느냐에 따라 상대방에게 태도가 좋은 사람으로 보이기도 하고 나쁜 사람으로 보이기도 한다. 또한 자신감 있는 사람으로 보이기도 하고 주눅이 들어 보이기도 한다.

외모와 관련해서도 어떤 자세를 하는가에 따라 매력도가 높아지기도 하고 낮아지기도 하며, 같은 체중이라도 살이 덜 쪄 보이거나 더 쪄 보인다. 또한 자세에 따라 같은 나이라도 더 젊어 보이기도 하고 늙어 보이기도 한다.

이뿐만이 아니다. 바른 자세는 마음을 더 긍정적이고 활기차고 긍정적으로 만든다. 나쁜 자세를 하면 마음이 우울하고 슬프고 부정적으로 변한다.

자세는 스트레스에도 영향을 미쳐서, 어떤 자세를 취하는가에 따라 스트레스가 커지기도 하고 작아지기도 한다. 신체적 힘과도 관련이 있어서 바른 자세를 할수록 신체 기능을 향상시켜 호흡을 좋게 하고 뇌 기능을 높여주며, 신경 흐름을 원활히 하여 큰 힘을 낼 수 있게 한다. 이와 같이, 그저 자세를 어떻게 취하느냐에 따라 많은 변화가 일어난다.

자세를 고쳐잡는 것은 어려운 일이 아니다. 언제 어디서든 쉽게 할 수 있는 일이다. 지금 이 순간에도 마음만 먹으면 허리를 펴고 몸을 곧게 세울 수 있다.

이런 관점에서 자세는 우리 몸과 마음을 작동시키는 '스위치'라고 볼 수 있다. 바른 자세를 하면 스위치는 온$^{ON}$이 되고 나쁜 자세를 하면 스위치는 오프$^{OFF}$가 된다. 스위치를 간단히 '오프'에서 '온'으로 바꾸기만 해도 내 신체, 마음, 관계에 변화가 일어난다.

이 스위치에 멋진 이름을 붙일 필요가 있었다. 바른 자세가 가지고 있는 건강 이상의 가치를 나타내는 그럴듯한 이름이 필요했다. 이름에 대한 고민을 하던 중 TV에서 〈스타워즈〉 시리즈가 방영되고 있었다. 영화에서는 평범한 일반인이었던 여주인공이 자신에게 내재된 포스를 일깨워가는 과정을 보여주고 있었다. 그녀는 잠재된 포스를 일깨우고 조절할 수 있는 능력을 터득해야 제다이로서 성장할 수 있었다. 그 모습을 보고 문득 영감이 떠올랐다.

'바른 자세를 하는 법을 익히고 생활 속에서 잘 조절해서 활용할 수 있다면 우리는 누구나 〈스타워즈〉의 제다이처럼 내 안에 잠재된 힘을 발휘할 수 있다.'

한 단어가 생각났다.

포스처 파워!

## 1부
# 자세만 바로 해도 인생이 바뀐다

### 1장 포스처 파워의 마법

### 2장 포스처 파워 1 : 자세를 바꾸면 마음도 바뀐다

**2부**
# 내 안의 좋은 에너지를 끌어내기 위한
# 포스처 파워 프로그램

# 1부

# 자세만
# 바로 해도
# 인생이
# 바뀐다

## 바른 자세의 힘을 깨달은
## 세 번의 경험

2007년부터 자세를 공부하면서 자세와 관련하여 흥미로운 경험을 여러 번 했다.

첫 번째 경험은 공부를 시작한 지 1년째 되던 즈음에 찾아왔다. 늘 타던 같은 지하철이었는데 그날따라 유독 사람들의 자세가 눈에 들어왔다. 신문을 볼 때 목이 앞으로 나와 있는 사람, 거북이처럼 등이 뒤로 굽어 있는 사람, 골반이 삐딱해서 짝다리를 서고 있는 사람, 허리가 불편한지 절뚝거리며 걷는 사람 등 각각 나쁜 자세를 한 가지씩 가지고 있었다.

그러나 그들은 공통적으로 어딘지 모르게 불편하거나 약해 보였다. 난 그때는 그게 무엇인지 몰랐다. 그냥 아파서 그럴 것이라고 무심코 생각했다. 어쨌든 중요한 점은 어제까지 지하철에서 본 사람들과는 다른 낯선 사람들처럼 느껴졌다는 것이다.

그날 이후부터 난 어디에 가더라도 사람들의 자세가 눈에 보이기 시작했다.

두 번째 경험은 5년차 되던 해에 찾아왔다. 나쁜 자세를 취한 사람만 보아오던 나에게 바른 자세를 하고 있는 특별한 소수의 사람들이 나타나기 시작했다. 공원에서 버스에서 거리에서 누가 가르쳐 주지도 않았을 바른 자세를 취하고 있는 사람들이 보이기 시작했다. 그 사람들은 일상적인 행동 속에서 허리를 세우고 가슴을 펴고 머리를 곧게 유지하고 있었다. 그리고 그런 사람들이 굉장히 매력적이고 특별하게 느껴졌다. 그 사람들은 다른 사람들에 비해 돋보였고 자신을 강하게 드러내는 것만 같았다. 마치 자기가 여기에 있다고 주변 사람들에게 알리는 것 같았다.

세 번째 경험은 최근의 경험으로 성공한 사람들이 자신의 존재를 드러내거나 능력을 발휘할 때 바른 자세를 이용하고 있다는 것을 알게 되었다. 기업가, TV 아나운서, 배우, 올림픽 메달리스트, 종교인 등 사회적으로 성공한 리더들이 각자의 분야에서 상황에 맞게 바른 자세를 취하곤 했다. 리더십을 발휘할 때, 자신의 매력을 한껏 높여야 할 때, 운동 능력을 향상시켜야 할 때, 중요한 투자를 받기 위한 미팅과 같은 상황에서 그들은 꼭 바른 자세를 취하고 있었다. 그리고 그건 일반인들의 자세와는 달라 보였으며 그 자세에는 어떤 힘이 느껴졌다. 마치 슈퍼맨이 신문 기자로 있을 때 자신의 힘을 감추고 있다가 자신의 힘이 필요한 상황이 되면 옷을 찢고 나와 당당한 자세를 취하고 있는 그런 느낌과 비슷했다.

세 번째 경험을 하고 나서는 바른 자세가 단순히 건강을 좋게 하는 그 이상의 힘을 가지고 있다는 확신이 들었다. 그리고 그것이 무엇일까 하는 강한 호기심을 갖기 시작했다.

## 바른 자세를 위한 바른 길은

"여러분 바른 자세를 하십시오! 그러면 지긋지긋한 허리 통증, 어깨 통증에서 벗어날 수 있습니다!"

방송, 신문, 인터넷에서 마치 바른 자세를 하지 않으면 큰일이 날 것 같은 이런 이야기를 많이 접하곤 한다. 그러면 대부분은 마음속으로 '그걸 누가 몰라서 안 하나? 힘들어서 못 하는 거지'라고 생각할 것이다.

나 역시도 사람들에게 바른 자세를 교육하면서 이런 식으로 이야기를 해왔다. 바른 자세는 꼭 해야 하는 것이며 습관화하지 않으면 목 디스크, 허리 디스크 같은 무시무시한 통증을 일으키는 병이 일어날 수도 있다고 협박 아닌 협박을 하곤 했다.

그러나 대부분의 사람들은 강의 때는 바른 자세를 재미있게 따라 하고 고개를 끄덕이다가도 강의가 끝나고 돌아서면 다시 예전 습관으로 돌아오곤 했다. 강의를 아무리 재미있게 구성하고 여러 강의기법을 사용해보아도 내 강의에는 뭔가 빠져 있는 것 같은 허전함이 있었다. 그리고 나는 '과연 바른 자세의 가치를 잘 전달하고 있는 것인가' 하는 고민에 빠졌다.

# 1장

## 포스처 파워의 마법

**Posture
Power!**

"
남보다 우수하다고 해서
고귀한 것은 아니다.
과거의 자신보다 우수한 것이야말로
진정으로 고귀한 것이다.

**어니스트 헤밍웨이, 소설가** "

POSTURE
POWER

# 바른 자세에서 나오는
## 놀라운 힘

포스처 파워는 바른 자세에서 나오는 힘이다. 자세를 바르게 취했을 때 마음과 몸, 관계에 긍정적인 에너지가 발산되는데 이것을 바로 포스처 파워라고 한다.

글을 어떻게 쓰는가에 따라 '필력'이 달라지고 생활 속에서 경제적인 관리를 어떻게 하는가에 따라 '생활력'이 달라지듯이 자세를 어떻게 취하는가에 따라 '포스처 파워'는 달라질 수 있다. 자세가 구부정할수록 포스처 파워는 약해진다. 자세를 곧게 세울수록 포스처 파워는 강해진다. 포스처 파워가 강한 사람과 약한 사람은 다음과 같은 차이가 있다.

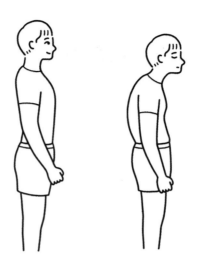

**그림 1** 포스처 파워가 강한 사람(왼쪽)과 약한 사람

## 포스처 파워가
### 강한 사람

가슴은 당당하게 펴져 있다. 가슴뼈가 약간 들린 듯이 세워져 있고 좌우 어깨는 다림질한 것처럼 넓게 펴져 있다. 얼굴은 턱이 들려 있지도 숙여지지도 않게 자연스럽게 정면을 보고 있다. 뒷목과 등은 곧게 세워져 있으며 배는 항상 힘이 들어간 듯 상태

를 유지한다. 그래서 골반 앞쪽과 복부가 앞으로 나와 있지 않고 편평해보인다.

허리는 앞으로 약간 들어간 곡선을 가지고 있으며 전체적으로 머리, 어깨, 몸통, 골반, 무릎, 발이 마치 차곡차곡 쌓인 택배 상자처럼 수직으로 잘 쌓여 있다. 양발은 골반 너비로 중심을 잘 잡고 있다.

배는 힘이 잘 잡혀 있으며, 어깨는 긴장하지 않고 좌우 대칭적으로 잘 펴져 있다. 몸의 중심 역시 가운데로 모여 있다. 얼굴 표정은 밝아 보인다. 그리고 당당하고 자신감이 있어 보이고, 긍정적이고 활기찬 기운이 느껴진다.

## 포스처 파워가
## 약한 사람

가슴은 축 움츠러들어 있다. 가슴뼈는 아래로 쳐진 듯이 늘어져 있고 좌우 어깨는 주름 잡힌 옷처럼 안으로 말려있다. 얼굴은 턱이 들려 있거나 또는 아래를 향한다. 얼굴 표정은 어두워 보이며, 뒷목과 등은 구부정하다.

배는 앞으로 늘어져 있으며 허리는 앞으로 들어간 곡선이 없이 등처럼 뒤로 구부정하다. 몸이 수직으로 가지런히 쌓여 있지 않고 앞뒤로 불규칙적으로 놓여 있다. 양발은 짝다리를 짚고 있으며 골반을 한쪽으로 밀려 있다.

어깨는 긴장되어 목을 움츠리고 있다. 어깨 높이도 비대칭적이며 몸의 중심이 가운데 있지 않고 한쪽으로 쏠려 있다. 표정에 자신감이 없어 보이고 힘들어 보인다. 그리고 부정적이고 약한 기운이 느껴진다.


## 몸과 마음이 잘 연결되면
## 긍정에너지가 나온다

자세는 몸과 마음과 밀접하게 연결되어 있다. 긍정적이고 자신감이 넘치는 마음가짐은 몸을 곧게 세우고 가슴을 활짝 편 자세로 나타난다. 반대로 자세를 바르게 세우면 그러한 마음가짐이 일어나도록 영향을 미친다. 신체적 건강함도 마찬가지다. 신체적으로 건강하면 자세를 똑바로 세우기 쉽다.

반대로 자세를 바르게 하면 신체 에너지가 강해진다.

그렇기 때문에 포스처 파워를 강하게 발휘하기 위해서는 단순히 겉으로 보이는 자세만 바르게 하려고 해서는 안 된다. 긍정적인 마음 없이 억지로 자세만 바르게 하려고 하면 스트레스가 일어난다. 신체적인 건강함이 유지되지 않고서는 포스처 파워를 오래 지속할 수 없다. 그저 일시적인 힘만 발휘될 뿐이다.

긍정적인 마음가짐과 건강한 신체가 동반된 상태가 되었을 때 비로소 가장 강력하고 지속적인 포스처 파워가 발휘될 수 있다. 그렇게 발휘된 포스처 파워를 통해 매력적인 외모를 얻게 되고 타인과의 관계를 주도적으로 이끄는 힘을 갖게 되며, 구성원들을 이끄는 리더십을 얻게 된다. 포스처 파워는 이런 모든 것들의 긍정적인 에너지 총합을 의미한다.

# 02

POSTURE
POWER

## 포스처 파워는
## 누구에게나 있다

대부분의 사람들은 포스처 파워의 존재 자체를 아예 모르거나 그것을 극대화하는 방법을 모른다. 그러나 일부 몇몇 사람들은 바른 자세를 통해 포스처 파워를 적극 활용한다. 그들은 결정적 순간에 바른 자세를 취함으로써 자신감을 드러내거나 몸과 마음의 상태를 조절한다. 그리고 대중 또는 타인에게 자신이 얼마나 매력적인 존재인지 자세를 통해 강하게 어필한다. 또한 직업적 필요성에 의해 또는 개인적인 가치관을 드러내기 위해 적절한 순간에 포스처 파워를 발휘한다.

우리가 인지하지 못하는 동안에도 그들은 포스처 파워를 활용하여 삶을 성공으로 이끈다. 내가 세 번째 경험을 통해 발견한 사람들인데 나는 그들을 '포스처 피플'이라고 부른다.

## 바른 자세는
## 누구나 가지고 태어난다

우리는 아기 때부터 포스처 파워를 가지고 태어난다. 그리고 성장 과정에서 포스처 파워를 습득하고 발휘한다. 누가 가르쳐주지 않아도 생후 1년 전후로 앉기, 서기, 걷기를 연습하면서 자연스럽게 바른 자세를 만든다.

아기를 가만히 지켜보면 바닥에 앉을 때 몸을 세우고 가지런하게 앉는 것을 볼 수 있다. 아기는 특별한 긴장 없이 머리, 몸통, 엉덩이가 가지런하게 쌓인 자세를 너무나 쉽게 취한다.

쪼그려 앉아 장난감을 가지고 놀 때도 마찬가지다. 아기는 어른이 잘 하지 못하는 완벽한 쪼그려 앉기 자세SQUAT를 취한다. 허리를 구부리지 않고 엉덩이 관절과 무릎 관절을 접어서 앉는다. 관절을 부드럽고 자연스럽게 움직이면서도 척추는 곧게 세운 자세를 유지한다.

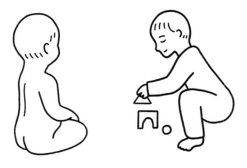

그림 2 아기는 본능적으로 바른 자세를 취한다.

　아기가 이렇게 바른 자세를 취하는 이유는 넘어지지 않기 위해서다. 아기의 머리는 어른의 신체 비율과 달리 사이즈가 크고 무게도 무겁다. 그래서 자세가 조금만 틀어져도 쉽게 몸이 넘어진다. 아기는 본능적으로 어떻게 자세를 취해야 넘어지지 않는지 스스로 학습하고 바른 자세를 취한다.

　그러다 더 성장을 하고 다양한 외부환경에 노출되면서 대부분 아기때 습득한 포스처 파워를 잃어버린다. 습관적으로 구부정한 자세, 기울어진 자세 등을 하면서 본디 가지고 있던 바른 자세를 취하는 법을 잊어버린다.

## 포스처 파워를 잘 훈련하여
## 포스처 피플로

그러나 그중 일부는 성인이 되어서도 바른 자세를 잘 유지하면서 생활하는 사람들이 있다. 그들이 바로 포스처 피플이다. 그들은 각각의 영역에서 자신의 삶에 긍정적인 방향으로 바른 자세를 활용한다. 그리고 그들의 포스처 파워는 극적인 상황에서 발휘된다. 9회 말 2아웃 마지막 타석에 들어선 순간처럼 긴장되고 숨이 막힐 것 같은 순간, 내 인생을 바꿀 수 있는 터닝포인트에서 그들은 바른 자세로 큰 힘을 발휘한다. 그리고 그것이 그들의 삶을 성공으로 이끈다.

나는 포스처 피플을 일상 속에서 종종 관찰하곤 한다. 내 눈에는 마치 영화 〈식스 센스〉에 나오는 귀신을 보는 꼬마 아이처럼 사람들의 자세가 보인다. 나는 직업병처럼 길을 지나다니다가도 모르는 사람들의 자세를 보게 되는데 다른 사람들의 포스처 파워가 얼마나 강한지 약한지를 감지해 내기도 한다. 마치 나에게 어떤 자세 감지 센서가 달려 있는 것처럼 말이다.

'저 사람은 파워가 매우 강한데? 저 사람은 조금만 더 파워를 키
우면 좋겠는데?'

이런 상상을 하면서 혼자 피식거리기도 한다. 특히 많은 사람
이 운집한 곳에서 유독 포스처 파워가 강해 보이는 사람을 발견
하는 경우가 있다. 그러면 나는 그 사람에게서 강한 힘과 매력
을 느낀다. 군계일학처럼 마치 자신이 다른 사람들과는 다른 특
별한 존재임을 드러내는 것처럼 보인다. 그래서 나도 모르게 그
사람을 한번이라도 더 쳐다보게 되고 마음이 끌린다.

강의를 할 때 종종 자세 바르게 세우고 경청을 하는 사람들을
종종 본다. 나는 그런 사람들에게 어떤 에너지를 느낀다. 그 사
람의 포스처 파워가 나 자신을 바라보도록 하는 어떤 매력을 발
산하는 것이다. 반대로 자세를 구부정하게 또는 삐딱하게 한 사
람을 보면 강의를 하기 싫어질 정도로 눈살이 찌푸려진다. 강의
를 하면서 상대방에 대한 어떤 정보도 알지 못한다. 어떤 사람인
지 어떤 마음을 가졌는지 어떤 직업을 가졌는지 어디서 사는지
아무것도 알지 못한다. 그저 그의 자세와 태도만 보일 뿐이다.

## 바른 자세의 기준은
## 사람에 따라 다르다

포스처 파워가 약한 사람, 즉 이미 자세가 나빠진 사람도 다시 바른 자세로 포스처 파워를 얻을 수 있을까? 결론부터 말하면, "그렇다!"

누구든지 아기 때부터 이미 가지고 있던 포스처 파워를 다시 일깨울 수 있다. 포스처 파워는 사라진 것이 아니라 내 몸에 잠재되어 있는 상태이기 때문이다. 마치 〈스타워즈〉 제다이의 '깨어난 포스'처럼 포스처 파워는 내가 어떻게 자세를 습관화하고 생활 속에 적용하느냐에 따라 다시 살아나게 할 수 있다.

그런데 만약 장애가 있거나 수술로 인한 불편함 그리고 오랜 시간 나쁜 자세로 고착된 것과 같이 자세를 어느 정도 바르게 하는 데 한계가 있는 사람들은 어떠할까? 그들은 포스처 파워를 발휘할 기회조차 없을까?

한 보험사에서 '바른 자세의 힘' 특강을 하던 때였다. 한참 강의를 하는데 한 분이 강의 중간에 들어오는 것이었다. 강의 시간에 늦은 양이었는데 하필 강의실 문이 앞쪽에 하나만 있던 터라 모두 그 사람을 주목했다. 그는 쩔뚝거리는 걸음걸이를 하면서 힘겹게 빈자리를 찾아 들어갔다. 언뜻 보아도 장애가 있는 듯했다.

마침 그분이 들어오는 타이밍에 자세를 분석하고 체크하는 시간이 되었다. 내 슬라이드에는 하필 비장애인 기준의 자세 분석법이 담겨 있었다. 서로 마주 보고 실습을 해야 할 시간인데 뒤늦게 들어온 그분이 신경 쓰였다. 혹시 이 실습으로 상처를 받진 않으실까 걱정이 되었다. 그래서 나는 그분께 내 파트너가 되어달라고 말씀드리며 같이 자세분석을 하는 실습을 하자고 제안했다. 그분은 흔쾌히 승낙하셨고 같이 자세를 마주보며 관찰하기 시작했다. 그분의 자세는 비장애인에 비해 확연히 비대칭적이었다. 사연을 들어보니 선천적 소아마비로 몸이 불편하다고 하셨다. 나는 우선 있는 그대로 그분의 자세를 분석하기 시작했다.

"어깨가 비대칭적이고 골반이 틀어져 있습니다. 척추도 휘어짐이 관찰됩니다. 거북목도 진행 중이며 오른쪽 어깨가 안으로 굽어 있습니다. 무릎 높이도 차이가 있고 발도 평발의 형태가 보입니다."

그러자 그분은 나에게 이렇게 물어보았다.

"많이 좋지 않은가요?"

나는 이렇게 답했다.

"아닙니다. 이 정도는 일반적으로 사무직 환경에서 일하는 분에게 자주 관찰되는 자세일 뿐입니다. 소아마비를 앓았다는 점을 감안하면 충분히 좋은 자세를 가지고 있습니다. 혹시 지금 하고 있는 운동이 있으신가요?"

"네, 웨이트 트레이닝을 할 수 있는 동작을 선별해서 하고 있습니다. 그건 어떻게 아셨나요?"

"근육량이 다른 분들보다 많아 보였고, 자세 중심을 잡는 전략이 일반 소아마비 환자보다 안정적으로 보여서 여쭤어 보았습니다. 지금 이 자세로 인해 불편함이 있으신가요?"

"아니요. 전혀 없습니다."

그는 미소를 머금고 답했다. 그의 태도는 매우 긍정적이었다. 장애에 대한 부끄러움보다는 당당함과 자신감이 넘쳐 보였다.

"네, 그렇다면 지금 하시는 자세는 바른 자세입니다. 물론 절대적인 기준으로 본다면 비장애인에 비해 자세가 나쁘다고 볼 수 있지만 상대적으로 본다면 지금 최선의 자세를 유지하시는 거거든요."

이후 그분은 할 수 있는 범위 내에서 다른 분들과 함께 바른 자세 실습, 운동법에 열심히 참여하셨다. 그리고 아무도 강의를 듣는 데 그분의 장애를 신경 쓰지 않았다. 그분 덕분에 바른 자세는 절대적이 아니라 상대적인 개념이라는 사실을 다른 분들에게 효과적으로 전달할 수 있었다.

포스처 파워는 절대적이지 않다. 상대적이다. 내가 가진 자세 상태를 기준으로 그 상태에서 얼마나 더 자세를 곧게 유지하는가에 대한 문제다. 내가 장애가 있어서 완전히 어깨를 좌우 대칭으로 만들지 못한다 하더라도 내가 할 수 있는 수준에서 바른 자세를 만든다면 얼마든지 포스처 파워를 강하게 발휘할 수 있다. 그러나 자세를 바르게 하려는 노력은 전혀 하지 않고 자세를 찌그러트리거나 구부리는 습관을 버리지 못한다면 포스처 파워는 발휘되지 않는다.

# 03

# 자세 하나 바꿔서
# 삶을 바꾸는 마법

당신은 포스처 파워를 잘 활용함으로써 삶을 성공으로 이끌 수 있다. 그것이 바로 내가 이 책을 쓴 목적이다. 중요한 것은 당신의 생각과 의지다. 우선 바른 자세가 가지고 있는 무한한 가치를 소개할 것이다. 그리고 바른 자세의 가치를 소개하면서 그것이 어떻게 우리의 삶에 많은 영향을 미칠 수 있는지 이야기할 것이다.

예를 들어 바른 자세와 마음이 어떻게 연결되어 있는지, 바른 자세가 어떻게 강한 힘을 내도록 해주는지, 바른 자세가 어떻게 외모를 더 매력적으로 만들어주는지, 다른 사람과 관계를 맺는

데 바른 자세가 어떻게 영향을 미치는지 이야기할 것이다. 바른 자세의 가치를 이해하고 공감하는 것만으로도 당신은 저절로 바른 자세를 취하게 될 것이다. 그 다음은 포스처 파워를 일깨우고 생활에 적용하기까지 필요한 구체적인 방법을 제시할 것이다. 다음의 단계를 거쳐야 한다.

### 1. 만들기 단계

만들기 단계에서는 바른 자세를 만들기 위해 척추를 어떻게 세워야 하는지, 몸을 어떻게 쌓아야 하는지 등 느낌을 찾는 단계다. 앉는 자세, 선 자세, 걷는 자세를 연습한다.

### 2. 습관화 단계

바른 자세를 내 것으로 만드는 단계다. 익숙하고 자연스럽게 만들기까지는 부단한 반복과 연습이 필요하다. 자세가 가장 나빠지기 쉬운 업무를 볼 때나 공부를 할 때를 중심으로 바른 자세를 습관화하기 위한 3단계 방법을 제시한다.

### 3. 적용 단계

바른 자세가 습관화되었다면 응용 단계로 가야 한다. 바른 자세를 일상생활에서 실제로 적용해보는 단계다. 다음과 같은 상황이 있다.

- 지하철에 서 있을 때
- 출근길에
- 업무 시작할 때
- 식사할 때
- 회의 중에
- 운전 중에
- 쇼핑몰이나 마트에서

마지막으로, 당신이 겪게 되는 긴장되고 극적인 순간에 포스처 파워를 발휘해보자.

- 직장 상사 앞에서 프레젠테이션 할 때
- 거래처 직원과 중요한 미팅 때
- 투자 유치 미팅을 할 때
- 소개팅을 할 때
- 모르는 사람들 앞에서 스피치 할 때

이 단계까지 포스처 파워를 익숙하게 발휘할 수 있다면, 당신은 진정한 포스처 피플이 된 것이다. 상황에 맞게 바른 자세를 취해 의도적으로 포스처 파워를 조절할 수 있으며, 그것으로 삶을 더 주도적으로 이끌어나갈 수 있다. 그리고 이런 노하우가 쌓이면 당신은 성공적인 삶을 향해 한 걸음 도약할 수 있을 것이다.

자, 그럼 강력한 포스처 파워를 갖춘 포스처 피플이 되기 위한 여정을 시작해보자.

# 2장

# 포스처 파워 1
# 자세를 바꾸면
# 마음도 바뀐다

Posture
Power!

**"**

가끔씩 내가 구부정한 자세로

앉아 있거나 서 있다는 사실을 깨달을 때가 있다.

뭔가 제대로 돌아가고 있지 않는다는 표시다.

그럴 때마다 나는 불편함의 원인을 찾기 전에

먼저 기품 있는 자세를 취하려고 애쓴다.

자세를 고치는 그 간단한 동작만으로도

내가 하고 있는 일에 자신감이 생기는 것을 느낄 수 있다.

**파울로 코엘료, 소설가, 《흐르는 강물처럼》 중에서**

# 01

# 마음의 광고판,
## 자세

내 첫째 아이가 5살쯤 되었을 때였다. 아이가 밥을 먹는데 자꾸 투정을 부렸다. 밥을 먹는 둥 마는 둥 하고 억지로 먹이려고 하면 입에서 뱉기까지 했다. 아이를 키워본 사람들은 알겠지만 부모는 아이 입으로 들어간 음식이 다시 입 밖으로 나오는 상황을 정말 싫어한다. 본능적으로 나는 아이에게 크게 성을 냈다.

"왜 음식을 뱉어! 그러려면 먹지 마!"

내가 소리치자 아이는 울음을 터뜨리며 문을 닫고 방으로 들어가 버렸다. 미안한 마음에 방문을 조심스럽게 열어서 아이에게 갔다. 아이는 방구석에 쪼그리고 앉아 얼굴을 손으로 감싸고 울고 있었다.

그 모습을 보자 나는 순간 동정심이 일어났다. 원래 작은 아이의 몸이었지만 구석에서 몸을 더 작게 만들고 웅크린 모습을 보니 순간, 아이를 감싸주고 달래주어야겠다는 마음이 들었다.

나는 아이를 토닥거려준 다음 화내서 미안하다고 사과했다. 그리고 아이를 안아주면서 달래고 또 달래주었다. 그러자 아이는 진정이 되었는지 천천히 울음을 멈추고 다시 식탁으로 돌아갔다.


아이는 왜 쪼그리고 앉아 얼굴을 손으로 감쌌을까? 아이가 취한 자세는 의도했거나 계산한 것이 아니었다. 그저 본능적인 행위였다. 그 순간에 아이는 그 자세를 취하고 싶었던 것뿐이다. 그리고 결론적으로 그 행위는 자신을 약하게 비치도록 함으로써 상대방의 마음에 영향을 미쳤다.

자세는 마음의 상태를 표현하는 데 있어서 중요한 수단이다. 표정이나 몸짓과 더불어 자세는 내 마음이 현재 어떤 상태인지

나타낸다. 실제로 많은 사람이 자세를 육체를 나타내는 단어로 이해하고 있다. 그러나 자세라는 단어를 사전으로 검색하면 다음과 같은 뜻으로 풀이된다. [01]

**자세**姿勢

(1) 사물이나 현상에 대해 가지는 마음가짐이나 태도

(2) 몸을 움직이거나 가누는 모양

사전적 정의에서 보다시피 자세를 정의 내릴 때 첫 번째로 나타나는 뜻은 '마음가짐'과 '태도'다. 몸의 모양과 육체에 대한 정의는 두 번째로 설명된다. 즉, 자세는 몸의 단어이기 이전에 마음의 단어인 것이다.

자세를 어떤 식으로 취하는가는 어떤 생각과 마음가짐을 가지느냐에 따라 달라진다. 그리고 마음의 상태에 따라 자세도 달라지며 그 자세를 보고 그 사람의 마음을 이해할 수 있다.

그럼 혹시 사람들은 마음 상태에 따라 취하는 자세가 같을까? 혹시 같은 마음상태라도 지역과 인종 그리고 다른 문화에 따라 각각 취하는 자세가 다를 수 있지 않을까?

브리티시컬럼비아 대학교의 제시카 트레이시<sup>Jessica Tracy</sup>와 샌프란시스코주립대학교의 데이비드 마쓰모토<sup>David Matsumoto</sup>는 서로 다른 문화권의 사람들이 자부심과 수치심을 어떻게 표현하는지를 보고 싶었다. 그리고 그 표현이 본능적인지 또는 그들이 관찰을 통해 배우는 문화적 현상인지 알고 싶었다. 그래서 그들은 2004년도 올림픽과 장애인 올림픽에 출전한 37개국 108명의 유도 선수들을 대상으로 각각의 선수들이 승리와 패배의 순간 어떤 자세를 취하는지 사진을 촬영했다. 그리고 각각의 자세가 공통적인 특징이 있는지 비교했다.

결과는 각각 승리와 패배의 순간에 유사한 자세를 취하는 것으로 나타났다.[02] 대부분 선수들은 승리를 했을 때 장애인과 비장애인 구분 없이 머리를 뒤로 젖히고 공중을 향해 주먹을 날리고 가슴을 내밀었다. 패자는 어깨를 늘어뜨리고 고개를 숙이고 몸을 움츠렸다. 특히 주목할 점은 장애인 선수 중 12명이 선천적인 시각장애인이었다. 그들은 한 번도 승리하거나 패배했을 때 다른 사람이 취하는 자세를 눈으로 관찰해본 적이 없는 사람들이었다. 그럼에도 그들 역시 비장애인과 같은 자세로 승리의 기분을 만끽했다.


이처럼 자세는 마음의 광고판이다. 이것은 매우 본능적이고 자연스러운 행위다. 인종, 문화와 상관없이 사람들은 자세를 통해 자신의 생각과 감정을 공통적인 방식으로 표현한다. 기분이 좋으면 가슴을 펴고, 기분이 슬프면 몸을 구부린다. 그렇다면 과연 마음이 자세에 영향을 미치는 것처럼 자세도 마음에 영향을 미칠까? 자세를 곧게 세우거나 구부리는 것에 따라 감정에 영향을 미칠까?

# 02

# 자세는 마음을 바꾸는 스위치다

## 표정만 바꾸어도
## 감정이 바뀐다

심리학자들은 몸과 마음이 어떻게 연결되어 있는지 알고자 노력했다. 사람들에게 가장 잘 알려진 연구는 볼펜 실험이다. 1988년 독일의 심리학자 프리츠 슈트라크Fritz Strack, 레너드 마틴Leonard Martin, 자비네 스테퍼Sabine Stepper는 볼펜을 어떤 방식으로 입에 무는가에 따라 마음에 어떤 영향을 미치는 알아보았다.

　그들은 실험자들에게 입을 이용하여 두 가지 방식으로 볼펜을 잡을 것을 주문했다. 한 그룹은 볼펜을 입술로 물게 했고, 나머지 한 그룹은 볼펜을 이와 이 사이로 물게 했다. 볼펜을 다르게 잡도록 함으로써 첫 번째 그룹은 표정을 찌푸리도록, 두 번째 그룹은 표정을 웃도록 만든 것이다. 단지 볼펜은 실험자들이 이 실험이 표정과 관련된 실험이라는 것을 알지 못하게 하려는 장치였을 뿐이었다.

이렇게 표정 변화를 준 다음 두 그룹 모두에게 똑같은 만화를 보여주었다. 그런 뒤 이 만화가 얼마나 재미있었는지 각자 평가를 내리도록 했다. 그러자 결과는 뜻밖이었다. 웃는 표정을 한 그룹이 찌푸린 표정을 한 그룹보다 만화를 더 재미있게 본 것으로 평가했다.[03] 표정만 바뀌었을 뿐이었는데 즐거운 감정이 증폭된 것이다.

## 몸에서 마음으로
### 통하는 길

어떻게 이런 일이 가능했던 것일까?

유명한 사회심리학자인 UC버클리대학의 다나 카니 교수는 이런 얼굴표정에 따른 감정의 변화에 대해 다음과 같이 설명했다.

> "우리는 태어나자마자, 웃는 행동과 긍정적인 기억 그리고 그러한 감정에 대한 기억을 뇌 신경경로로 도달하도록 개발하기 시작한다." [04]

여기서 '뇌 신경경로'는 시냅스다. 뇌는 무수히 많은 신경세포(뉴런)로 이루어져 있다. 이 신경세포들은 서로 수많은 연결고리를 이루고 있는데 이 연결고리를 바로 시냅스라고 한다. 시냅스는 다양한 생각을 하고 다양한 경험을 할수록 개수가 많아지고 굵어진다.

아기를 예로 들어보자. 여기 한 아기가 있다. 아기는 엄마가 놀아주면 기분이 좋아서 웃는다. 엄마와 놀던 기억과 즐거운 감정 그리고 웃는 표정은 하나의 경험이 되어 시냅스로 연결된다. 반대로 엄마가 놀아주지 않으면 슬퍼서 운다. 역시 엄마가 없는 외로운 기억과 슬픈 감정 그리고 우는 표정은 하나의 경험으로 또 다른 시냅스로 연결된다. 이러한 경험이 반복될수록 시냅스는 점점 많아지고 굵어진다. 그러면서 감정과 표현 사이에서 점점 강한 연결고리를 만든다.

이 경로를 통한 신경자극은 한 방향으로만 흐르지 않는다. 편도 티켓이 아닌 왕복 티켓처럼 양방향으로 흐른다. 일방적으로 감정이 표정을 변화시키는 것뿐만 아니라 표정이 감정을 자극하기도 한다. 웃는 표정은 즐거운 감정을 우는 표정은 슬픈 감정을 자극한다. 이와 같이 얼굴 표정이 연관된 감정을 연상하도록 하거나 증폭시키는 것을 심리학에서 '안면 피드백 이론'이라고 한다.

그렇다면 자세는 어떠할까? 자세도 얼굴 표정처럼 감정에 영향을 미칠까?


## 자세만 바꾸어도
## 감정이 바뀐다

자세를 구부정하게 해보자. 그리고 눈을 감고 즐거웠던 기억을 떠올려 보자. 이번엔 반대로 자세를 바르게 세워보자 그리고 눈을 감고 즐거웠던 기억을 떠올려보자. 어떤 자세에서 즐거웠던 기억을 떠올리는 것이 더 편하게 느껴지는가?

샌프란시스코주립대학교 사회심리학과 에릭 페퍼 교수는 몸과 마음의 관계에 대해 많은 연구를 해왔다. 그는 평소 수업 중간에 학생들을 일으켜 세워서 스트레칭을 시키는 것으로 유명하다. 학생들은 몸을 세우고 움직이면서 기분이 전환되는 느낌을 경험하는데, 이 경험을 통해 자연스럽게 몸이 마음에 영향을 미친다는 것을 깨닫는다.

그는 자세에 따라 어떤 생각이 쉽게 떠오르는지에 대해 실험했다. 우선 정신적인 병력이 없는 216명의 피험자를 대상으로 그들에게 몸을 세운 자세와 구부정한 자세를 번갈아 취하도록 했다. 자세는 다음과 같이 취할 것을 지시했다.

"등을 구부리고 아래를 보고 앉으세요."
(구부정한 자세)

"등을 세우고 위를 보고 앉으세요."
(몸을 세운 자세)

그런 다음 몸을 세운 자세와 구부정한 자세를 취할 때마다 다음과 같이 긍정적인 생각과 기억 또는 부정적인 생각과 기억을 떠올리도록 했다.

"슬펐거나 우울했거나 나빴던 지난 기억을 생각하고 떠올려보세요." (부정적인 기억 떠올리기)

"행복했거나 즐거웠거나 좋았던 지난 기억을 생각하고 떠올려보세요." (긍정적인 기억 떠올리기)

그런 다음 참가자들에게 자세에 따라 어떤 기억을 떠올리는 것이 쉬웠는지 물었다. 예를 들어 몸을 세운 자세에서 긍정적인 기억을 떠올리는 것이 쉬웠는지, 부정적인 기억을 떠올리는 것이 쉬웠는지 물어보았다. 그 다음 몸을 구부정한 자세에서 긍정적인 기억을 떠올리는 것이 쉬웠는지, 부정적인 기억을 떠올리는 것이 쉬웠는지 물어보았다. 그래서 각각의 항목에 따라 어떤 결과가 의미가 있는지 통계로 분석했다. 결과는 참가자의 86퍼센트가 구부정한 자세에서 부정적인 기억을 떠올리는 것이 쉬웠던 것으로 나타났다. 그리고 참가자의 87퍼센트가 몸을 세운 자세에서 긍정적인 기억을 떠올리는 것이 가장 쉬웠던 것으로 나타났다.[05] 구부정한 자세보다 곧게 세운 자세를 했을 때 행복

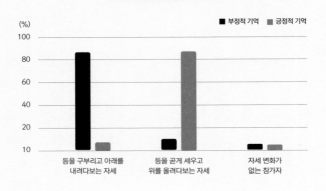

감정적인 회상과 몸의 자세

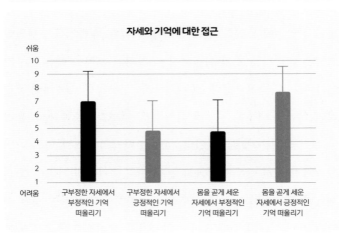

자세와 기억에 대한 접근

**그림 3** 자세와 감정의 관계(위), 자세와 기억에 대한 접근 관계(아래)
몸을 구부린 자세에서는 부정적인 기억을 떠올리는 것이 쉬웠고, 몸을 세운 자세에서는 긍정적인 기억을 떠
올리는 것이 쉬웠다.

했거나 즐거웠던 기억이 더 잘 떠오르는 것이다.

이처럼 자세를 어떻게 취하는가에 따라 그와 관련된 감정을 자극하고 연상하도록 만든다. 몸을 곧게 세운 자세는 즐거웠거나 긍정적인 감정과 기억을, 몸을 구부리는 자세는 힘들었거나 부정적인 기억과 감정을 떠올리도록 한다. 지금까지 밝혀진 연구들에 의하면 자세에 따른 감정은 다음과 같이 연관되어 있다.

**곧게 세운 자세와 관련한 감정들**

- 자신감

- 긍정적인

- 활기찬

- 열정적인

**구부정한 자세 관련한 감정들**

- 우울한

- 부정적인

- 무기력한

- 수동적인

자신감 넘치고 긍정적이고 활기찬 마음의 상태를 만들고 싶다면 자세를 곧게 세워야 한다. 반대로 우울하고 무기력하고 수동적인 마음의 상태를 만들고 싶다면 자세를 구부린 자세를 취하면 된다. 자세는 마음을 조절하는 '스위치'처럼 작동한다. 그 '스위치'를 어떻게 조작하는가에 따라 포스처 파워는 달라진다.

## 자세 스위치를
### 켜는 법

자세는 마음을 변화시키는 스위치와 같다. 스위치를 켜고 끌 때마다 우리의 마음은 변화할 준비를 한다. 이 스위치를 작동시키는 법은 간단하다. 이것은 마치 형광등의 불을 켜고 끄는 것만큼 쉽다. 불을 켜고 싶으면 자세를 세우고 스위치를 '온ON'에 놓으면 된다. 불을 끄고 싶으면 자세를 구부정하게 하고 스위치를 '오프OFF'에 놓으면 된다. 선택권은 나에게 있다. 자세를 세우면 활기차고 긍정적인 생각과 마음을 자극한다. 자세를 구부정하게 하면 우울하고 수동적인 마음을 자극한다.

한 가지 꼭 기억해야 할 것이 있다. 자세를 취할 때 그 자세와 관련된 감정을 떠올리고자 노력해야 한다는 것이다. 예를 들어 긍정적인 마음을 얻고자 한다면 자세를 곧게 세움과 동시에 긍정적인 마음을 가지고자 노력해야 한다.

너무나 당연한 이야기 같지만 이것은 마치 모닥불을 피우는 것과 같다. 긍정적인 생각을 위한 노력은 불씨이고 몸을 곧게 세운 자세는 바람이다. 불씨 없이는 절대로 모닥불을 피울 수 없다. 또한 불씨가 있어도 바람이 없으면 불씨는 쉽게 꺼진다. 그러므로 실제로 자세를 변화시킴과 동시에 그와 관련한 생각과 마음을 떠올리려고 노력하는 것이 필요하다.

자기소개서를 작성하는 경우를 예로 들어보자. 자기소개서는 서류 심사에 매우 중요하다. 자기소개서를 통해 내 생각과 가치관이 서류 심사자들에게 전달되기 때문이다. 그런데 노트북을 테이블 위에 놓고 작성하다 보면 자세가 점점 구부정해진다. 나름 글 작성에 집중하다 보니 무의식적으로 그렇게 되는 것인데 문제는 구부정한 자세와 관련된 감정들을 자극한다는 점이다. '무기력한, 우울한, 슬픈, 자신감 없는' 등 부정적인 감정들을 자극한다.

'나는 잘 할 수 없어.'

자세만 바로 해도 인생이 바뀐다

'나는 이번에도 떨어지겠지?'

'나는 다른 사람보다 스펙이나 역량이 떨어지는 것 같아.'

구부정한 자세는 평소 가지고 있던 부정적인 감정을 증폭시킨다. 그리고 그렇게 커진 감정은 자기소개서에 영향을 미친다. 글의 힘이 약해지고 부정적인 단어가 사용된다.

그러나 반대로 자세를 곧게 세우고 고쳐 앉는다면 양상은 달라진다. 바뀐 자세로 인해 내 마음속에 있던 긍정적인 마음들이 자극을 받는다.

'나는 잘할 수 있어.'

'나는 이 회사에 들어갈 만큼 충분히 노력하는 삶을 살아왔어.'

'이 자기소개서를 멋지게 작성해서 합격할 거야.'

자세를 곧게 세움으로 인해 긍정적인 생각이 증폭되어 점점 커진다. 글에는 힘이 실리고 자기소개서는 더 긍정적이고 자신감이 있는 문장들로 작성된다.

물론 자신감과 긍정적인 마음에 큰 영향을 미치는 것은 이런 기술적인 부분이 아니라 실제 내가 가진 역량과 능력 그리고 경험들이 더 중요할 수 있다. 그러나 같은 역량과 능력 그리고 경험을 가지고 있다 하더라도 스스로 그것을 어떻게 바라보는가에 따라 자신감이 달라진다. 자세를 곧게 세움으로 인해 나를 조금이라도 더 긍정적으로 바라볼 수 있는 마음의 상태를 만드는 것이 중요하다.

자세에 따른 마음의 변화가 비단 자기소개서를 작성할 때만 일어나는 것은 아니다. 식사를 할 때, 독서실에서 공부를 할 때, 업무를 볼 때, 길을 걸을 때와 같이 우리가 겪는 대부분의 평범한 일상 속에서 일어난다. 아주 사소한 상황이라도 내 자세에 따라 감정과 행동에 영향을 미치기 때문에 평소에도 자세를 자주 신경 써야 한다.

어떤 일을 할 때 나도 모르게 자세가 구부정하다면 내 마음도 우울하고 부정적인 생각으로 가득 차 있을 수 있다. 이런 느낌이 있을 때 자세를 곧게 세워보자. 그리고 긍정적인 생각을 하고자 노력하자. 이렇게 하면 몇 분이 지나지 않아 우울했던 기분이 전환되고 활기찬 기운이 드는 것을 경험하게 될 것이다.

# 03

# 정말 자세만 바꿔도
# 마음 상태가 달라질까

당신의 업무계약서에 한 가지 의무조항이 추가되었다. 업무 시간 동안 항상 웃고 자세를 바르게 세워야 한다는 조항이다. 이 조항을 잘 지키면 성과급을 받을 수 있다. 그러나 지키지 않으면 근무 태만으로 지적을 받거나 징계를 받을 수 있다. 당신이 어떤 마음 상태인지와 상관없이 기계처럼 항상 웃어야만 하고 등을 펴야 한다. 가족이 아프든, 업무 과다로 기운이 없든, 주식이 크게 떨어졌든 당신은 동일한 표정과 자세를 취해야 한다. 이렇게 표정과 자세를 바꾸면 당신은 행복해질까? 자신감이 넘치고 긍정적인 기운이 생겨날까? 곧게 몸을 세운 자세를 취했다고 100퍼센트 모든 사람들이 자신감이 넘치고 활기찬 마음을 가질 수 있는 것은 아니다. 사람은 매우 복잡한 존재이고 마음에 영향을 미치는 여러 가지 변수들 때문에 때로는 자세와 마음이 서로 충돌하는 경우도 있다. 예를 들어 몸을 곧게 세운 자세를 취했음에도 불구하고 부정적인 마음이 드는 경우이다. 이것은 마치 억지웃음을 하며 감정노동을 하는 것처럼 마음에 스트레스를 준다.

미시간주립대학교 브렌트 스캇 교수는 억지웃음이 어떻게 마음에 영향을 미치는지 알아보았다. 그는 버스운전자를 대상으로 2주간 억지웃음을 하면서 손님을 맞이하도록 지시했다. 그리고 그런 행동이 운전자들의 마음과 업무능률에 어떤 영향을 미치는지를 알아보았다.

결과는 부정적이었다. 억지웃음을 지었을 때 버스운전자들의 우울감이 더 심했고 업무 능률을 떨어뜨렸다. 그뿐 아니라 그들의 퇴사율을 높이는 결과를 낳았다.[06] 이 결과는 웃는 얼굴을 했을 때 즐거운 감정이 커졌다는 연구결과와는 완전히 상충되는 내용이다. 어떤 점이 달랐던 것일까?

버스운전자들의 경우 연필 실험과 달랐던 점은 강제성이다.

자발적인 표정이 아닌 억지로 웃는 얼굴을 하도록 강요했다는 점이다.

강제성은 스트레스의 주요 원인이다. 스트레스로 유명한 로버트 새폴스키 박사는 사람이 스트레스를 받는 상황을 다음과 같이 정리했다. 첫째는 생명의 위협을 받는 상황, 둘째는 예측 불가능한 상황 그리고 마지막 세 번째는 통제 불가능한 상황이다.

강제성에 의한 억지웃음은 바로 이 세 번째에 해당된다. 억지웃음은 내가 자발적으로 웃는 것이 아닌 웃지 않으면 안 되는 통제된 상태에서 나오는 가짜 웃음이다.

자세도 마찬가지다. 강제로 통제받는 상황에서 취하는 '억지 바른 자세'는 스트레스를 유발한다. 내가 스스로 선택하지 않은 자세를 취하는 것이기 때문에 긍정적인 마음보다는 부정적인 마음이 들도록 한다. 군대에 처음 입소하여 차렷 자세를 강요받을 때 긍정적이고 자신감 넘치는 생각을 하는 사람은 아무도 없을 것이다. 아이들도 차렷 자세를 취하라고 하면 자신이 잘못해서 벌을 받는다고 여긴다.

설령 외부적인 강요가 아니라 하더라도 스스로 자신을 통제하는 것처럼 의무적으로 바른 자세만 취해도 스트레스의 원인이 된다. 바른 자세를 취하는 선택권은 철저하게 '나'에게 있어야 하며 모든 바른 자세는 '자발적인 의지'를 바탕으로 이루어져야 한다. 통제된 상황에서 강제적으로 바른 자세가 이루어지면 포스처 파워를 제대로 발휘할 수 없다.

또한 억지 바른 자세는 몸과 마음을 지치게 만든다. 한 자세만 취하게 되면 어깨나 허리에 너무 많은 힘이 들어가게 되는데 마치 감정이 없는 로봇처럼 자세가 부자연스러워지며 마음까지도 긴장된다. 이렇게 되면 쓸데없는 긴장으로 인해 몸과 마음의 에너지가 낭비된다.

음이 있기에 양이 있고 밤이 있기에 낮이 있다. 바른 자세만 취하는 것이 아니라 구부정한 자세도 필요할 때가 있다. 몸이 지치고 힘들 때 몸에 힘을 빼고 자세를 잡는 것은 휴식의 관점에서도 필요하다. 슬프거나 우울할 때 구부정한 자세를 취하는 것이 마음의 발산을 위해 도움이 된다.

– 남에게 강요받지 않는다.
– 스스로 의무감을 느끼지 않는다.

– 지나치게 긴장하지 않는다.

    이 세 가지 전제 조건에서 바른 자세가 이루어지면 감정의 충돌 없이 자세를 통해 마음을 다스릴 수 있는 힘이 생긴다. 이 힘은 스트레스를 받았을 때, 우울감에 빠져들 때, 극도로 긴장된 상황과 같이 마음의 응급상황에 놓일 때 그것을 극복할 수 있는 원동력이 된다.

# 04

# 가장 쉽게 자존감을
# 유지하는 법

과거에 스트레스를 심하게 받았을 때를 기억해보자. 다른 사람에게 상처를 받았을 때, 일이 잘 풀리지 않아 스트레스를 받았을 때 그리고 급하게 어떤 문제를 해결해야 할 때 당신의 자세가 어떠했는지 떠올려보자. 어떤 모습이 떠오르는가? 고개를 숙이고 몸을 움츠리고 양손으로 머리를 쥐어뜯으며 괴로워하는 당신의 모습인가 아니면 몸을 곧게 세우고 어깨와 가슴을 펴는 모습인가?

자세만 곧게 세우는 것만으로도 스트레스 대처능력이 좋아진다. 자세가 내 '자존감'을 유지시켜 주기 때문이다.

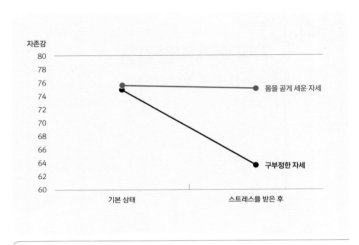

**그림 4** 스트레스를 받는 일을 하고 난 다음 자세에 따라 자존감이 어떻게 변화하는지 나타내는 그래프
몸을 곧게 세운 상태에서는 자존감 수치가 기본 상태와 비슷하게 유지되지만 몸을 구부정하게 한 상태에서는
자존감 수치가 확연하게 떨어지는 것을 볼 수 있다.

2014년 미국 건강심리학 공식 학술저널에 발표된 연구에 따르면 자세에 따라 스트레스 대처능력의 차이가 있는 것을 확인했다. 이 연구는 74명의 참가자를 대상으로 했다.

전체 대상자 중 한 그룹은 곧게 몸을 세운 자세를 취하도록 했고 나머지 한 그룹은 고개를 숙이고 몸을 구부린 자세를 취하도록 했다. 이 상태에서 각각의 자세가 달라지지 않도록 참가자들의 몸을 의료용 테이프로 고정했다. 그리고 참가자들에게 3분간 책을 읽도록 한 뒤 다시 5분간 특정한 주제에 대해 연설을 하도록 주문했다. 연설을 하는 과정에서 참가자들이 최선을 다하도록 하기 위해 연설을 가장 잘한 사람에게 상금을 주기로 했다. 경쟁을 통해 참가자가 스트레스를 받게 하기 위함이었다. 그런 다음 각각 자세에 따라 참가자들의 감정 상태와 자존감에 어떤 변화가 있었는지 비교했다.

결과는 자세를 곧게 세우고 앉은 참가자들이 구부정한 자세로 앉은 참가자들보다 긍정적인 감정을 느끼고 스트레스를 받았을 때 자존감을 잘 유지하는 것으로 나타났다. 그들은 반대로 자세를 구부정하게 앉으면 부정적인 감정을 느끼고 스트레스를 받았을 때 자존감이 쉽게 떨어지는 것으로 나타났다.[07]

자존감은 나를 사랑하고 존중하는 감정이다. 자존감은 스트레스로부터 나를 지켜주는 보호막으로써 자존감이 잘 유지되면 스트레스 대처 능력이 좋아진다. 그리고 자존감이 높으면 스트레스를 받아도 빠르게 회복할 수 있는 회복력이 생긴다. 그러나 자존감이 낮은 사람은 스트레스 대처 능력이 현저하게 떨어진다. 스트레스에 대한 회복력도 떨어진다. 그래서 같은 스트레스를 받아도 자존감이 높은 사람은 덤덤한 반응을 보이는 반면 자존감이 낮은 사람은 예민하게 반응한다.

경쟁에서 패배를 경험했을 때, 대인관계로 인해 스트레스를 받을 때 그리고 과도한 업무나 성과에 대한 부담을 가질 때 나도 모르게 어깨가 움츠러들고 등이 구부러질 것이다. 이럴 때일수록 몸을 곧게 세우고 어깨를 활짝 펴보자. 이런 자세를 취하는 것만으로도 스트레스로부터 내 자존감을 지킬 수 있다.

# 05

## 자세 바꾸기로
## 우울증에서 탈출한다

우울감은 마치 늪과도 같다. 한번 발을 헛디디게
되면 빠져나올 수 없이 점점 우울한 감정에 빠져든다. 그러다
가 점점 우울감이 심해지면 무기력해지고 모든 일에 의욕이 사
라진다. 우울감이 무서운 건 나 자신을 점점 나약하게 만든다는
점이다. 그래서 우울감이 들 땐 그 감정이 지속되지 않도록 해
야 한다. 바른 자세는 우울감을 개선하는 데 도움이 된다.

에릭 페퍼 교수는 자세가 우울감에 미치는지에 대해서 연구
를 했다. 대학생 110명을 대상으로 실시했는데, 학생들을 두 그
룹으로 나누어 한 그룹은 구부정한 자세로 걷도록 했다. 그리

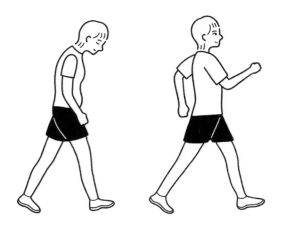

그림 5 걷는 자세를 바꾸면 우울감이 개선된다.

고 다른 한 그룹은 몸을 곧게 세운 자세로 팔다리를 교차하며 걷도록 했다.

그런 다음 각 그룹별로 우울감과 관련하여 주관적인 감정에 대해 설문을 실시했다. 그리고 몇 분 뒤에 그룹을 바꾸어 서로 다른 자세로 걷도록 한 뒤 똑같이 설문을 실시했다. 결과는 구부 정한 자세를 학생들은 우울감이 더 커지는 것으로 나타났고 몸을 곧게 세우고 걸은 학생은 우울감이 감소되는 것으로 나타났다. 실험에 참가한 한 학생은 다음과 같이 이야기했다.

"몸을 세우고 팔다리를 교차로 흔들고 걸었을 때 나는 더 많은 에너지를 느꼈어요. 정확하게 말하면 행복하고 자유로운 느낌을 느꼈습니다. 그리고 저도 모르게 웃음이 나왔어요."[08]

뉴질랜드 오클랜드 대학교에서도 비슷한 연구를 진행했다. 이번엔 일반 학생이 아닌 우울증 환자 61명을 대상으로 실험을 진행했다. 환자들을 두 그룹으로 나누어 한 그룹은 바른 자세를 취하도록 하고 한 그룹은 구부정한 자세를 취하도록 했다. 그런 뒤 5분간 1,022부터 숫자를 거꾸로 세도록 한 뒤 우울증 정도를 체크했다. 그 결과 바른 자세를 한 그룹이 구부정한 자세를 취한 그룹보다 숫자를 더 많이 세었고, 우울증 정도도 더 낮은 것으로 나타났다.[09]

간혹 우울해지고 싶을 때가 있다. 그럴 때 일시적으로 몸을 구부리고 고개를 숙이는 자세를 취할 수는 있다. 그러나 너무 오랫동안 자세를 구부리게 되면 우울감이 증폭되어 자칫 우울감이 심해질 수 있다. 그러므로 일시적으로 감정의 표출을 위해 자세를 구부리더라도 나중에는 바른 자세를 취하려고 노력

해보자. 바른 자세는 우울감이라는 늪에서 빠져나오도록 하는
좋은 약이다.

# 06

## 초긴장 상태에서
## 진가가 드러나는
## 포스처 파워

면접을 볼 때, 많은 사람 앞에서 프레젠테이션을
할 때, 중요한 미팅을 할 때와 같이 극도로 긴장되거나 심리적
으로 위축되는 상황에 직면하면 자세가 움츠러든다. 움츠러든
자세는 불안한 감정을 증폭시킨다. 이렇게 되면 판단력이 흐려
지고 실수를 하게 된다. 내가 준비한 것을 100퍼센트 발휘하지
못할뿐더러 잦은 실수로 일을 그르치기 십상이다. 이럴 때일수
록 자세를 바르게 하여 포스처 파워를 발휘해야 한다.

바른 자세는 긴장을 가라앉히고 긴장된 상황을 주도하도록
돕는다. 일시적으로 긴장된 마음과 바른 자세의 충돌로 인해 스

트레스가 유발될 수도 있다. 그러나 마음을 추스르면서 긍정적인 생각을 하며 자신감을 갖고자 노력하면 몇 분이 지나지 않아 긴장감이 줄어든다. 그리고 긴장된 상황과 맞닥뜨리는 순간 오히려 내가 그 상황을 통제하고 주도하고 있다는 경험을 하게 된다.

강의는 늘 긴장과 마주하는 일이다. 얼굴 한 번 본 적 없는 사람들을 적게는 수십 명 많게는 수백 명과 만나는 것 자체도 부담이지만 사람들 앞에서 나를 드러내고 이야기를 해야 하기 때문이다. 여러 강의 중에도 특별히 긴장되는 상황들이 생기곤 하는데 이럴 때 나는 바른 자세를 통해 긴장감을 극복한다.

금융 관련 공공기관에 강의를 갔을 때였다. 우선 이곳은 강의 의뢰가 왔을 때부터 긴장이 되기 시작한 곳이었다. 이름부터가 '금융'이라는 단어가 들어가서 그런지 꽤 묵직하고 엄중한 느낌이 들었다. 이곳을 들어가는 과정도 만만치 않았다. 이 기관은 광화문 정부종합청사에 있었는데, 청사 안으로 들어갈 때도 신분증 확인 및 보안 검색대, 경비원 등을 거쳐야 했다. 모든 것이 나를 반기지 않는 삼엄한 분위기였다.

어렵게 강의실로 도착한 나는 또 다른 엄숙한 분위기에 압도 되었다. 강의실에 들어서자 검정 양복을 입거나 정장 차림의 직원들 50명이 회의 중이었는데, 주제는 내가 알아들을 수 없는 경제 현안과 그 대안에 대한 것들이었다. 불은 모두 끈 상태였고 숫자가 가득한 표와 그래프만 화려하게 화면에 비치고 있었다. 그리고 열띤 토론이 이어졌다. 나는 평소 가지고 다니던 척추 모형을 끌어안은 채 강의실 중간에 있는 강사 대기 의자에 앉아 회의가 끝나기를 기다렸다.

솔직히 말해서 나는 강의를 잘할 자신이 없었다. 나에게는 이런 딱딱한 분위기를 반전시켜 사람들을 즐겁게 할 만한 '끼'가 없었다. 게다가 대부분의 직원들은 마치 이 시간이 빨리 끝나고 집에 가기를 바라는 것처럼 보였다. 실제 그날 내 강의 시간은 금요일 늦은 오후 시간이었다. 어쨌든 나는 회의가 끝나고 불이 켜진 뒤 90분의 시간을 이끌어가야 했고, 이 긴장감을 어떤 식으로든 극복해야 했다.

잠깐 담당자에게 이야기하고 화장실로 갔다. 거울을 보니 잔뜩 긴장한 한 남자가 보였다. 일단 정신을 차리고 옷차림을 가다듬었다. 셔츠를 정리하고 벨트를 다시 조여맸다. 그런 다음 자세를 고쳐잡았다. 배에 힘을 주고 정수리를 길게 늘려 바른 자세를 취했다. 그리고 어깨를 한 바퀴 뒤로 돌려 어깨가 움츠러들지 않게 끌어당겼다. 그런 다음 얼굴에 한껏 미소를 짓고 입가를 위쪽으로 끌어당겼다. 마지막으로 심호흡을 열 번 했다. 숨을 들이마시고 내쉬고 반복하면서 그 자세와 표정을 유지했다.

이렇게 하자 긴장이 조금씩 풀리기 시작했다. 속으로 자신감이 생겼다.

'나는 사람들을 충분히 즐겁게 할 만한 것들을 많이 가지고 있어. 오늘 그걸 다 쏟아붓고 가자!'

이런 생각이 들었다. 나는 그 자세와 표정을 유지한 채 강의장으로 다시 들어갔다.

이내 곧 불이 켜지고 담당자가 내 소개를 시작했다. 조금 전까지는 직원들에게 스포트라이트를 받는 것이 두려웠는데 화장실에서 바른 자세와 심호흡을 하고 나자 내가 주인공이 된 것처럼 기분이 좋아졌다. 강의는 성공적으로 진행되었고 이 기관은 1년 뒤 나에게 또 다른 강의를 요청했다.

# 3장

# 포스처 파워 2
## 바른 자세는
## 강력한 육체를 만든다

**Posture Power!**

**"**

몸과 마음의 감정은 본질적으로 하나다.

각자 개별적으로 영향을 주고 있다고 생각하겠지만,

이들은 서로 다르게 보일 뿐

본질적으로는 같은 것들로 이루어져 있다.

몸에 어떤 변화를 주면,

생각과 느낌도 변화한다.

**리처드 브레넌, 《자세를 바꾸면 인생이 바뀐다》 작가**

# 01

## 슈퍼 히어로의 힘은
## 어디에서 나오는가

슈퍼 히어로들은 허리를 세우고 가슴을 펴는 당당한 자세를 취한다. 슈퍼맨, 원더우먼, 배트맨 등은 평소에 영웅 수트를 입는 순간부터 바른 자세로 자신의 존재를 과시한다. 이들의 바른 자세 포즈는 그냥 자신을 과시하기 위한 목적만은 아니다. 여기에는 또 다른 이유가 있다.

나는 방송이나 강의를 하면서 많은 사람들에게 포스처 파워를 경험하도록 한다. 대부분은 바른 자세를 단 한 번도 배워본 적도, 특별하게 연습한 적도 없는 평범한 사람들이다. 우선 나는 사람들에게 바른 자세를 취하는 법을 간단히 알려준다. 그리고

2명씩 서로 짝을 맺는다. 그런 다음 한 사람은 의자에 앉고 다른 사람은 앉은 사람 뒤편에 서도록 한다.

두 가지 자세로 테스트를 하는데 첫 번째는 나쁜 자세에서 실시한다. 의자에 앉은 사람에게 구부정한 자세를 취해보라고 한 뒤 나머지 한 사람에게 뒤에서 체중을 실어 어깨를 눌러보라고 한다. 그래서 앉아 있는 사람의 느낌 즉, 허리나 등에 느껴지는 부담을 느껴보라고 한다. 그리고 누르는 사람 역시 누를 때 힘의 관계가 어떤지 느껴보라고 한다. 이를테면 누르는 사람 입장에서 자신이 더 강한 사람으로 느껴지는지 또는 앞사람을 제압하는 느낌이 드는지 보는 것이다.

두 번째는 바른 자세에서 실시한다. 앉은 사람에게 바른 자세를 취해보라고 한다. 그런 다음 뒤에 서 있는 사람이 앞에서와 똑같이 체중을 실어 같은 힘으로 어깨를 눌러보라고 한다. 그러고 나서 앉아 있는 사람 몸에 느껴지는 부담감이 어떤지, 누르는 사람은 힘의 관계가 어떻게 변했는지 비교하도록 한다. 그러면 대부분 다음과 같은 반응을 보인다.

" 오~ 바른 자세를 하니 힘이 강해졌어!"

" 아주 몸이 단단하게 느껴지네!"

대부분 나쁜 자세에서 눌림을 당할 때 허리나 등에 큰 부담감을 느낀다. 하지만 반대로 바른 자세를 하면 큰 부담감을 느끼지 않을뿐더러 상대방이 누르는 힘에 쉽게 버틸 수 있음을 경험한다. 누르는 사람 입장에서는 앞사람이 나쁜 자세를 하고 있는 상태에서 누를 경우 신체의 반동도 느껴지고 앞사람을 제압하는 느낌도 경험하지만, 반대로 앞사람이 바른 자세를 하고 있으면 누를 때 반동도 적어지고 상대방의 몸 안이 꽉 찬 듯한 단단함을 느끼게 된다. 더욱이 나쁜 자세에서 누를 때와 다르게 큰 힘을 느끼게 되어 당황스러운 느낌도 경험하게 된다.

그렇다면 이 힘은 과연 어디서 생겨난 것일까? 구부정한 자세를 했을 때보다 바른 자세를 했을 때 느껴진 강한 힘은 어떤 차이에서 오는 것일까?

첫째, 구조의 힘이다.

척추를 곧게 세움으로 인해 몸의 기둥이 수직적으로 잘 쌓이면서 큰 힘에도 버틸 수 있는 구조를 만든다. 척추는 옆에서 보앉을 때 기본적으로 완만한 S자를 그리고 있는데 이 S자 곡선은 체중을 지지하고 충격을 흡수하기 유리하도록 디자인된 것이다. 허리의 곡선은 체중을 떠받치기 위해 유리한 구조를 띠고 있고, 목의 곡선은 머리 무게를 떠받치기 쉬운 구조를 띠고 있다. 척추의 이상적인 S자 곡선은 바른 자세를 했을 때 만들어진다.

둘째, 근육의 힘이다.

자세를 바르게 하면 몸의 여러 근육들이 다 같이 힘을 발휘하면서 더 큰 힘을 낸다. 백지장도 맞들면 낫다는 속담처럼 여러 근육이 서로 도우면서 일을 하는 능력이 좋아진다. 구부정한 자세를 취하면 특정한 관절에서만 스트레스가 많이 가해지기 때문에 여러 근육이 다 같이 일을 도우며 하기보다는 특정 관절을 보호하기 위한 몇몇 근육들만 과도하게 일을 하게 되는데 이러한 스트레스가 오래 쌓이면 근육이 긴장되고 통증이 일어난다.

셋째, 신경의 힘이다.

척추를 곧게 세우면 척추 사이로 지나는 신경이 지나는 통로가 잘 확보되면서 신경 흐름이 좋아진다. 신경 흐름이 좋아지면 말초신경과 중추신경 간 원활한 소통으로 외부 자극에 대한 신체 반응이 빨라지고 근력이 강해진다. 특히 뇌의 기능이 좋아지면서 외부로부터 오는 힘에 대해 빠르게 반응하는 능력이 생긴다.

이처럼 바른 자세를 했을 때 인체 내의 근육과 신경은 가장 큰 힘을 발휘할 수 있다. 슈퍼 히어로들이 바른 자세를 취하는 것은 바로 바른 자세를 통해 강한 힘을 발휘할 준비를 하는 것이다.

일상생활에서도 사람들이 이런 바른 자세의 힘을 이용하는 모습을 자주 볼 수 있다. 물건을 나르는 일을 하는 사람들이 반드시 허리를 펴고 나르는 것, 트레이너들이 웨이트 트레이닝 할 때 바른 자세를 철칙으로 여기는 것, 그리고 프로 운동선수들이 본 트레이닝에 앞서 신체 밸런스를 위한 훈련을 실시하는 것은 이 힘을 이용하는 것이다. 바른 자세를 통해 얻어지는 힘으로 부상을 예방하고 신체 퍼포먼스 능력을 극대화한다.

바른 자세를 통해 얻어지는 힘은 비단 물리적이고 단순한 힘만을 의미하지는 않는다. 이 힘은 인체 내의 원활한 흐름을 통해 표출되는 건강 에너지를 의미한다.

## 바른 자세는 **몸의 잠재력**을 극대화한다

"여러분, 하루에 5분만 의도적으로 바른 자세를 취하십시오. 어떤 보양식이나 영양제를 드시는 것 이상으로 여러분의 몸에 활력을 불어넣을 수 있습니다."

나는 강의를 통해 많은 사람에게 몸에 좋은 음식을 섭취하는 것 이상으로 바른 자세의 중요성을 강조한다. 바른 자세는 우리 몸의 에너지 흐름을 원활하게 만들면서 강한 에너지를 만들어내기 때문이다.

샌프란시스코주립대학교 사회심리학과 에릭 페퍼 교수는 자세가 신체 에너지 수준에 어떤 영향을 미치는지에 대한 연구를 실시했다. 연구 방법은 간단했다. 우선 참가자들이 서로 짝을 지어 테스트를 실시했다. 한 사람은 바른 자세와 구부정한 자세를 순서대로 취하고 나머지 한 사람은 각각의 자세에서 어깨 근육의 도수근력(상대방이 힘을 주면 그에 대해 버티는 방식으로 힘의 정도를 평가하는 근력테스트)을 테스트했다. 그리고 나서 역할을 바

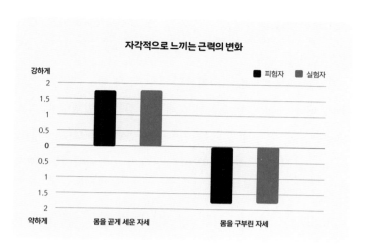

**자각적으로 느끼는 근력의 변화**

강하게

■ 피험자  ■ 실험자

2
1.5
1
0.5
0

0.5
1
1.5
2

약하게

몸을 곧게 세운 자세　　　　　　　몸을 구부린 자세

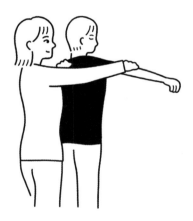

**그림 6 바른 자세와 근력의 관계**
자각적으로 느끼는 근력의 변화를 나타낸 그래프로, 피험자가 몸을 곧게 세웠을 때가 구부정한 자세를 취했을 때보다 피험자, 실험자 모두 힘이 강해짐을 느꼈다.

구어 동일하게 테스트를 실시한 후 각 자세에 따른 힘의 차이를 비교했다.

결과는 98퍼센트의 참가자들이 몸을 곧게 세운 자세를 취했을 때 어깨 근육의 힘이 훨씬 강해지는 것을 경험했다. 테스트를 받는 사람 입장과 팔을 누르는 사람 입장 양쪽 모두 곧게 세운 자세를 취했을 때 상대방 어깨 근육의 저항력이 더 강해지는 것으로 느꼈다.[10]

이 힘은 단순히 물리적인 힘이 아니다. 이 힘은 우리 몸에 잠재되었던 에너지가 표출되는 것이다. 이것은 마치 댐과 같다. 댐에 있는 물은 제한적인 양만 흘러내려갈 뿐 대부분 멈춰 있다. 그래서 큰 에너지를 품고 있지만 고요함과 적막함이 느껴질 정도로 정적이다. 그러나 수문이 열려 많은 물이 댐 밖으로 방출되면 댐은 역동적이고 활동적으로 변한다. 그리고 물의 흐름을 통해 거대한 에너지가 표출된다.

인체도 댐처럼 평소에 많은 에너지를 품고 있다. 피를 순환시키는 순환계, 호흡을 유지하도록 하는 호흡계, 면역을 담당하는 면역계, 음식을 먹고 영양분을 흡수하는 소화계, 근육과 골격을 통해 몸을 지지하고 움직임을 만드는 근골격계 등 저마다의 에너지를 품고 있다.

바른 자세는 각 기관이 제 위치에 놓이도록 질서를 잡아줌으로써 체내의 모든 것들의 흐름을 원활하게 만든다. 바른 자세를 했을 때 뼈는 체중에 의한 스트레스를 잘 분산시킨다. 혈액과 림프액이 지나는 통로가 열리고, 장기가 제 위치에 놓임으로써 소화 기능과 배설 기능이 좋아진다. 폐 공간의 확보로 호흡이 편안해지며, 근육이 제 위치에서 일을 하게 되면서 수축 이완 기능이 좋아진다. 이 과정에서 인체는 강한 힘을 낼 수 있게 된다. 결국 바른 자세취하기는 신체 에너지 수준을 높이고 활력을 돋게 하는 가장 이상적인 활동이다.

# 자세를 바꾸니
# 통증이 싹 사라졌다

'치통이 있으면 온 세상이 치통으로 느껴진다'는 말이 있다. 일하면서 생기는 목, 어깨 통증도 마찬가지다. 일단 목 어깨가 쑤시기 시작하면 모든 세상이 목 어깨 통증으로 느껴진다. 통증이 있으니 당연히 일에 집중을 하기가 어려워진다. 같은 일을 해도 전보다 시간이 오래 걸린다. 쉽게 풀릴 일도 잘 풀리지 않는다.

문제는 이뿐만이 아니다. 통증이 쌓이다 못해 심해지는 날이면 일이 손에 잡히지 않을 정도로 아플 때가 있다. 이런 날에는 조퇴 및 결근을 고민해야 한다. 회사에 눈치가 보이기 시작하고 전체적인 일과 생활의 밸런스가 깨져버린다. 결국 통증으로 인해 많은 시간, 비용, 에너지가 낭비된다.

이런 일들은 사람을 점점 지치게 만들고 나약하게 만든다. 이것은 마치 세면대 수챗구멍에 낀 머리카락과도 같이 우리 몸의 모든 흐름을 제한하고 생활의 밸런스를 무너뜨린다. 만성통증의 굴레에 빠져드는 것이다.

이처럼 구부정한 자세는 만성통증의 굴레로 빠져드는 지름길이다. 우선 구부정한 자세는 신체에 구조적 스트레스를 가한다. 중력에 의한 불균형한 스트레스가 특정한 관절이나 근육에 집중되는데, 이 스트레스로부터 몸을 보호하기 위해 근육은 자동적으로 긴장하게 된다. 예를 들어 머리가 앞으로 기울어지면 그것을 떨어뜨리지 않기 위해 목 어깨 근육이 긴장하고, 몸을 옆으로 기울여서 자세를 잡고 있으면 옆으로 몸이 넘어지지 않도록 옆구리나 허리 근육이 긴장한다.

근육의 긴장은 곧 혈액순환 제한으로 연결된다. 제한된 혈액순환으로 인해 인체 각 부분에 충분한 산소와 영양분이 공급되지 못한다. 몸의 에너지 수준이 낮아지고 점점 기운이 떨어진다. 자세는 더 구부정해지고 근육은 긴장된다. 이와 같은 악순환이 반복된다.

이뿐만이 아니다. 나쁜 자세로 인한 근육의 긴장으로 세포에서 배출된 노폐물이 정체되기 시작한다. 정체된 노폐물은 통증 유발 물질을 만들고 근육통을 발생시킨다. 근육통이 발생되면 근육은 반사적으로 더 긴장하기 시작한다. 근육의 긴장은 또 다시 혈액순환을 제한하고 노폐물은 계속 쌓여만 간다.

이런 과정이 오랫동안 지속되면 우리 몸은 마치 오랫동안 물과 비료를 주지 않은 화초처럼 시들시들해져 간다. 가지는 푸석푸석해지고 잎은 오그라들며 줄기는 구부정하게 꺾인 화초처럼 말이다. 이때는 주사나 약으로 당장의 통증을 해결하더라도 근본적인 문제는 해결되지 않는다. 몸은 너무 많은 스트레스를 받아왔고 정체되어 있는 상태이기 때문이다.

이때 무엇보다 중요한 건 바른 자세 습관이다. 바른 자세를 유지하면 스트레스가 분산된다. 신체를 잡기 위해 긴장하던 근육의 부담이 줄어든다. 신체 각 부분의 질서가 잡히고 흐름이 원활해진다. 마치 화초에 물과 비료를 듬뿍 준 것처럼 바른 자세는 몸의 모든 것들을 다시 순환하게 하고 생기를 돌게 한다. 이런 자연스러운 흐름 속에서 통증도 점차 줄어들기 시작한다.

모 대기업에서 건강 상담을 할 때였다. 회계 관련 업무를 보던 김 모 대리가 목이 아프다며 나를 찾아왔다. 단번에 보기에도 그는 거북목 자세가 심해 보였다. 뒷목 아래쪽은 살이 부종처럼 부어올라 있었고 목을 뒤로 넘길 때 불편감이 심했다. 그리고 좌우로 목을 돌릴 때 움직임 범위가 정상 범위만큼 나오지 않았다. 거북목 자세로 인해 생길 수 있는 평소 자세 습관을 물어보니 일의 특성상 숫자를 정확하게 입력하고 읽어야 해서 자기도 모르게 거북목 자세를 취하게 된다고 했다. 특히 회계일이 바빠지는 월말에 목통증이 더 심해지는데 어떤 때는 두통까지도 심해져서 일을 제대로 할 수 없을 정도라고 했다.

나는 이 문제가 나쁜 자세로 인한 신체적 스트레스가 원인임을 직감하고 자세 습관을 바르게 할 수 있는 방법을 알려주었다. 우선 모니터 높이를 눈높이까지 높이고, 작업할 때 디스플레이 화면의 비율을 확대해서 세팅하라고 조언한 뒤 사무실에서 할 수 있는 바른 자세법과 간단한 목 교정 운동을 알려주었다.

한 달 뒤 다시 찾아온 김 대리의 표정은 매우 밝았다. 그의 목을 체크해본 결과 목의 자세가 전보다 좋아졌으며 움직임도 부드러웠다. 목의 통증도 많이 줄어들었고 두통 때문에 일에 지장을 받는 일이 사라졌다.

이처럼 바른 자세를 잘 유지하면 만성통증으로 소비되던 시간, 에너지, 비용이 줄어든다. 일에 집중이 잘되고 업무 효율이 높아지며, 조금씩 일WORK과 생활LIFE의 밸런스가 좋아진다.

## 03

POSTURE
POWER

# 나쁜 자세,
# 한 방에 바로잡기

많은 현대인은 목 디스크, 허리 디스크, 어깨 통증과 같은 다양한 근골격계질환으로 고통을 받는다. 여기서 근골격계질환이란 근육과 관절에 발생되는 다양한 질환을 총칭하는 말이다. 거북목, 굽은등, 일자 허리, 골반 틀어짐 등과 같은 나쁜 자세는 이런 근골격계질환을 일으키는 대표적인 원인이다. 이런 나쁜 자세로 인한 근골격계질환을 바른 자세를 통해 어떻게 예방할 수 있는지 구체적으로 알아보자.

## 거북목 자세

컴퓨터 모니터나 스마트폰을 보다 보면 나도 모르게 머리를 앞으로 향하게 된다. 모니터에서 나오는 정보를 보기 위해 자연스럽게 이런 자세를 취하는 것인데 이것을 거북목 자세라고 한다. 옆에서 보았을 때 머리가 몸통보다 앞으로 나와 있다면 거북목일 가능성이 높다. 거북목을 오래 유지할 경우 다음과 같은 건강 문제를 야기할 수 있다.

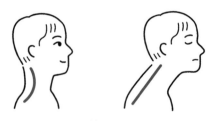

**그림 7** 정상적인 목과 거북목

### 근육통과 목 추간판 탈출증

목뼈는 본디 뒷부분이 약간 들어간 C자 형태의 곡선을 가지고 있다. 머리의 무게를 완충하는 역할을 하기 위해서다. 그러나 거북목을 오래 취하면 C자가 I자 형태로 변형되면서 디스크에 압박을 가한다. 근육은 긴장을 하고 혈액순환은 압박을 받는다. 근육에 노폐물이 빠져나가지 못하면서 근육통을 일으킨다. 문제는 근육통으로 인해 근육이 스스로 보호하기 위해 더 긴장을 한다는 것이다.

손을 칼에 베였을 때 생각해보자. 손을 감싸 안으면서 손과 팔에 힘이 들어가는 것을 경험했을 것이다. 근육의 긴장은 근육 사이로 지나다니는 관절을 압박하여 디스크에 무리를 가한다. 결국 디스크가 제 기능을 잃어버리고 한쪽으로 밀리게 되면서 신경을 압박하게 된다. 이것이 우리가 흔히 목 디스크라 불리는 목 추간판 탈출증의 한 원인이다.

턱을 집어넣고 뒷목을 늘리는 느낌으로 목을 세워보자. 그저 목을 세워 머리가 몸통 위에 수직적으로 쌓여 있게 만들면 된다. 이렇게 목의 자세를 가지런히 하면 목 근육의 긴장과 관절의 압박을 줄이고 목뼈의 C자 곡선 유지를 돕는다. 그리하여 머리 무게로 인한 힘이 주변으로 잘 분산되어 흐르도록 한다. 힘의 분산이 잘 되면 디스크는 원래 기능을 회복한다.

## 두통

두통은 종류도 다양하고 여러 가지 원인으로 인해 일어난다. 그

원인 중 하나는 거북목으로부터 비롯된다. 거북목을 하게 되면 목뼈가 일자 형태로 바뀌면서 앞으로 기울어진다. 그렇게 되면 뒤 목과 어깨 근육들이 평소보다 많이 긴장하게 된다. 머리 무게가 5~6킬로그램짜리 볼링공과 같기 때문에 그것을 떨어뜨리지 않으려고 근육이 긴장하는 것이다. 근육의 긴장은 근육 사이를 지나다니는 신경과 혈관을 압박한다. 특히 목에 있는 혈관은 주로 뇌로 피를 공급하는 길이기도 하다. 결국 뇌로 올라가는 혈류량이 줄어들면서 뇌에 공급되는 산소량이 줄어들게 된다.

이뿐만이 아니다. 목뼈 양쪽으로 마치 털실 바늘을 꿸 수 있을 정도 크기의 구멍이 나 있다. 이 구멍으로 심장과 뇌를 사이를 지나다니는 중요한 동맥이 지나다니는데 이것을 '추골동맥'이라고 한다. 자세가 불균형해지거나 구부정해지면 뼈의 위치

 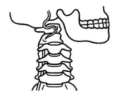

**그림 8** 추골동맥의 위치와 모양

가 어긋나면서 이 추골동맥이 압박을 받는 경우가 생긴다. 그로 인해 혈액의 흐름이 방해를 받는다. 이런 식으로 목으로 지나다니는 신경과 혈관이 압박을 받아 두통이 생긴다.

목을 세우고 머리를 몸통 위에 가지런히 쌓아두는 자세를 만들면 목근육의 긴장이 줄어든다. 상대적으로 목 근육으로부터 비롯된 신경과 혈관의 압박이 느슨해진다.

## 굽은등 자세

굽은등은 등이 구부러진 곡선이 정상보다 큰 상태를 의미한다. 이런 경우 대개 편평한 바닥에 바로 누우면 고개가 들리고 등이 불편함을 느낀다. 그래서 푹신한 매트리스를 쓰거나 옆으로 누워 자는 버릇이 있다. 대개 엉덩이는 의자 앞쪽 끝에 놓고 구부정한 자세로 등받이에 기대는 사람, 노트북을 바닥에 놓고 하

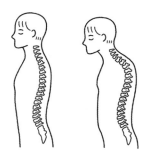

그림 9 정상적인 등과 굽은 등

는 사람들이 이 자세를 많이 가지고 있다. 굽은등 자세는 다음과 같은 건강 문제와 관련이 있다.

## 상부 등 통증

오랜 시간 동안 구부정한 자세를 취하면 등 근육은 스트레스 누적으로 긴장된 상태를 유지한다. 등 근육은 길이가 길어지고 약해진다. 더욱이 등 근육 사이를 흐르는 혈액은 순환되지 않고 정체된다. 통증이 유발되며 근육통이 발생된다. 특히 날개 죽지 사이 부분에 불편감이 심해지는데 이를 상부 등 통증이라고 한다. 상체 근육의 앞 뒤 밸런스가 나빠지면서 생기는 통증이다.

또한 구부정한 자세를 오래 유지하면 등을 세워주는 척추기립근이 과하게 일을 하게 된다. 척추기립근이 긴장을 하면서 그 부위 근육들이 두껍고 단단해진다. 이로 인해 구부정한 자세가 더 구부정하게 보이도록 만든다.

굽은등을 개선하려면 기지개 펴기 같이 등을 자주 펴주는 운동을 하고 평소에 등받이에 반듯하게 기대어 앉는 습관을 기르는 것이 좋다. 이러한 습관은 약해지고 긴장된 등 근육을 반대로 움직이고 기능을 회복하도록 만듦으로써 등 근육의 밸런스를 좋게 하고 근육통을 완화시킨다.

## 소화 불량

등으로부터 빠져나오는 신경은 장기를 담당하는 것들이 많다. 등 근육이 긴장되고 등뼈가 굽어지면 그 사이로 지나는 신경이 흐르는 통로가 좁아진다. 그로 인해 신경은 흐름에 제한을 받는다. 장기를 지배하는 신경의 흐름이 원활하지 않게 되면서 소화 기능에 영향을 미친다. 더욱이 구부정한 자세로 식사를 하면 복부 쪽 장기 부위에 압력이 높아질뿐더러 장기의 위치에도 영향을 미친다. 이런 이유로 종종 음식을 먹어도 소화가 잘 안 되거나 속이 더부룩한 경우가 발생한다.

바른 자세는 등에서 빠져나오는 척추신경의 흐름을 원활히 하고 장기가 제 위치에 놓일 수 있도록 하여 소화기능이 잘 유지되도록 한다.

## 호흡 기능 저하

구부정한 자세를 하고 숨을 크게 들여마셔 보자. 이번엔 바른 자세를 하고 숨을 들여마셔 보자. 어떤 자세를 취했을 때 숨을 더 많이 들여마실 수 있는가?

등이 굽으면 갈비뼈와 가슴뼈의 움직임이 제한을 받는다. 들숨 때 갈비뼈는 좌우로 잘 벌어져야 하고 가슴뼈가 잘 올라가야 한다. 그러나 굽은등 자세는 가슴 앞쪽에 압박을 가하면서 이 움직임을 제한한다. 상체 근육의 전반적인 불균형과 긴장 역시 호흡을 원활하지 않게 한다. 호흡의 움직임의 제한으로 결국 호흡량이 줄어들고 산소와 이산화탄소의 순환 흐름이 막힌다. 구부정한 자세로 오래 일을 하다 보면 가끔 가슴이 답답하고 숨이 잘 쉬어지지 않는 경험을 하는데 이런 이유 때문이다.

바른 자세 습관과 더불어 누운 자세에서 경침이나 단단한 베개를 등에 받치고 젖히는 자세로 운동을 하면 호흡이 편해지는 것을 경험할 수 있다.

## 일자 허리 자세

일자 허리는 허리가 앞으로 들어간 곡선이 없이 일자 형태로 펴져 있거나 곡선이 뒤쪽으로 꺾인 자세를 말한다. 이 자세는 요통과 추간판 탈출증(허리디스크)의 원인이 된다.

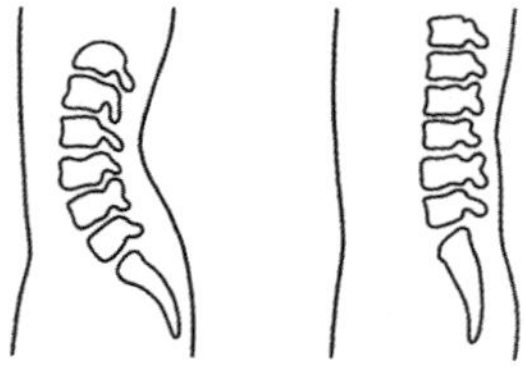

그림 16 정상 허리와 일자 허리

## 요통과 요추 추간판 탈출증

몸을 앞으로 구부정하게 하거나 뒤로 구부정하게 기대어 앉으면 허리가 일자가 된다. 허리는 목과 같이 앞으로 휘어진 곡선을 그리는데 이 곡선이 사라지면서 체중에 대한 힘이 분산되지 못하게 된다. 그로 인해 허리 근육이 허리를 과하게 보호하기 위해 힘을 주게 되면서 요통이 일어난다.

또한 허리 근육의 긴장과 더불어 추간판에 불균형한 압박을 가하여 추간판 탈출증의 원인이 된다. 추간판 탈출증의 대표적인 증상은 다리저림인데, 이것은 디스크로 인한 다리를 지배하는 신경의 압박이 원인이다.

의자에 앉을 때 엉덩이를 의자 뒤로 깊숙하게 밀어 넣어서 등받이에 잘 기대어 앉거나 허리 쪽에 쿠션을 이용하여 잘 받쳐서 앉으면 요통과 추간판 탈출증을 예방할 수 있다.

## 골반 틀어짐 자세

다리를 한쪽으로 꼬거나 바지 뒷주머니에 지갑을 넣는 습관이 있으면 골반이 틀어진다. 골반이 틀어지면 다음과 같은 건강 문제에 영향을 미칠 수 있다.

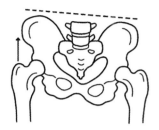

**그림 11** 골반이 틀어진 모양

## 골반 통증

골반은 상체의 체중과 하체로부터 전달되는 지면 반발력이 만나는 힘의 교차로다. 골반은 신기하게도 이 큰 힘이 서로 충돌하지 않고 흐르도록 디자인되어 있다. 여러 개의 아치 구조로 이루어져 있는데 하나는 골반 앞쪽으로 하나는 골반 뒤쪽을 향해 아치 구조를 이룸으로써 힘의 원활한 흐름을 만든다. 그런데 이흐름은 골반이 틀어지면서 꼬이게 된다.

골반 틀어짐은 힘의 자연스러운 분산을 방해하고 골반에 있어 가장 약한 부위에 스트레스를 집중시킨다. 허리 뒤쪽 아래쪽에(벨트가 걸쳐지는 부위 아래) 좌우 한 쌍으로 튀어나온 뼈가 만져지는데 그 안쪽에 있는 관절을 천장관절이라고 한다. 천장관절은 골반에서 가장 스트레스에 취약한 부위다. 천장관절에 스트레스가 누적되면 통증이 생긴다. 누웠다 일어날 때 또는 앉았다 일어날 때와 같이 골반을 움직일 때 골반이 빠지는 것과 같은 통증을 느낀다면 천장관절 통증을 의심해볼 수 있다. 이런 통증을 예방하려면 평소 바른 자세로 앉는 습관이 중요하다. 항상 골반을 가지런히 놓고 앉아야 하고 다리를 꼬더라도 주기적으로 번갈아 꼬아서 앉는 것이 좋다. 또한 하체와 골반을 자주 스트레칭해주면 골반의 자세를 좋게 하는 데 도움이 된다.

## 비뇨 생식기능 및 기타 문제

간혹 나쁜 자세로 인한 디스크 탈출이나 신경 주변 근육의 긴장으로 인해 비뇨기 또는 생식기를 지배하는 신경을 압박하는 경우도 있다. 이럴 경우 소변감에 문제가 생기거나 정력 감퇴, 심한 경우 난임과 같은 비뇨 생식기능에 문제를 일으키기도 한다.

이 밖에도 바른 자세는 림프액, 뇌척수액, 관절의 생리적 순환 등 우리가 생각하지 못한 다양한 신체 기능에 영향을 미친다. 이와 같이 바른 자세는 근골격계질환을 예방하고 건강한 근육과 관절을 유지하는 데 있어 중요한 마스터키 역할을 한다. 그리고 건강이 좋아지면서 자연스럽게 업무 집중력과 효율성 향상으로 이어진다.

## 04

POSTURE
POWER

# 집중력과 몰입도를
# 최고로 올리는 자세

'엉덩이가 무거워야 공부를 잘한다.'

학창시절에 누구나 한 번쯤은 들어보았을 말이다. 산만하게 움직이지 말고 한 자세로 공부에 집중하라는 뜻이다. 업무를 볼 때도 '몰입'이 중요하다. 몰입을 통해 집중력을 높이고 업무를 효과적으로 처리해야 시간을 효율적으로 절약할 수 있다.

바른 자세는 업무 몰입의 필수조건이다. 대뇌가 집중해서 일을 처리하도록 하기 위해 앉는 자세에서 생길 수 있는 신체적 스트레스를 최소화해야 한다. 바른 자세는 앉는 자세에서 받을 수 있는 중력에 대한 스트레스를 효율적으로 분산시킨다. 바른 자세를 취하면 더 오랜 시간 동안 편하게 앉아있을 수 있도록 돕는다. 반대로 업무를 볼 때 자세가 틀어져 있으면 목과 허리가 쉽게 불편해진다. 결국 앉는 자세를 오래 유지하기 어렵게 되고 이는 곧 일에 대한 집중력 저하로 이어진다.

물론 잠깐 동안 취하는 나쁜 자세는 큰 문제가 되지 않는다. 우리 몸은 특정 부위가 오랜 시간 압박을 받거나 스트레스가 쌓이는 것을 좋아하지 않는다. 그래서 중력과 체중으로 인한 스트레스가 쌓이면 스스로 자세를 바꾸어 준다. 자다가도 몸을 움직이고 뒤척거리는 것, 앉아 있을 때 이리저리 몸을 움직이는 것이 대표적인 예다. 나는 이것을 '자동 욕창 방지 시스템'이라 부른다.

이런 관점에서 잠깐 동안 취하는 나쁜 자세는 그저 '쉬는 자세 REST POSITION'라고 할 수 있다. 일시적으로 체중으로 인한 스트레스를 분산시키기 위한 본능적인 행동인 셈이다. 문제는 나쁜 자세를 취하는 시간이다. 우리도 모르게 한 가지 일에 몰두하게 되면 한 자세를 너무 오래 취하게 된다. 만약 그 자세가 나쁜 자세라면 스트레스가 한 곳에 집중되고 몸에 불편함을 쉽게 느낀다.

예를 들어 다리를 한 번 꼬고 앉는 것은 스트레스가 그리 크지 않다. 그러나 다리를 매일 4시간 동안 한쪽으로만 꼬고 앉아 일한다면 큰 부담이 된다. 역시 구부정한 자세를 잠깐 취했다고 해서 만성통증으로 연결되지 않는다. 그러나 매일 8시간 그 자세를 유지했거나 지속적으로 그 자세를 오래 취했다면 통증으로 연결된다.

**그림 12** 의자에 앉을 때의 바른 자세

반면 바른 자세는 '시간'에 있어 보다 자유롭다. 바른 자세를 하면 나쁜 자세를 했을 때보다 오랫동안 편하게 앉아 있을 수 있다. 중력과 체중에 의한 스트레스를 잘 분산시키기 때문이다. 척추는 S곡선을 유지하면서 스프링 역할을 해주고 허리 근육은 척추를 잡아주어 허리에 실리는 힘을 고르게 분산시킨다. 골반은 좌우가 균형을 유지하여 몸을 잘 세울 수 있게 받쳐준다.

일에 오랜 시간 집중할 때는 다음과 같이 자세를 취하는 것이 좋다.

1. 엉덩이를 의자 뒤에 다 붙인다.

2. 허리 받침대에 허리를 가지런히 붙인다. 쿠션을 놓으면 좋다.

3. 110도 각도로 등받이를 고정하고 척추를 가지런히 기대어 앉는다.

# 업무 효율을 확 끌어올리는
# 바른 자세 꿀팁

## 바른 자세로
## 업무력 높이기

일을 하다 보면 가끔 일에 집중이 안 되고 업무 진도가 안 나갈 때가 있다. 자리에 앉아 일을 붙잡고 있는데 일의 진척이 되지 않는 그런 경우다. 또한 새로운 일을 기획하거나 아이디어를 내야 하는 상황에서 좋은 아이디어가 떠오르지 않을 때가 있다. 그리고 내가 준비하는 일이 위험하지 않을까 하는 걱정이 앞서서 일을 쉽게 추진하지 못하는 경우도 있다. 이렇게 일이 막히는 일이 있을 때 자세를 한 번 돌아보고 고쳐잡아 보자. 바른 자세는 업무에 활력을 불어넣는 자양강장제와도 같다.

## 호흡 기능 개선

구부정한 자세를 취해보자. 그런 다음 숨을 크게 들이마셔 보자. 갈비뼈가 잘 벌어지는지 숨이 편하게 쉬어지는지 느껴보자. 이번에는 가슴을 펴고 몸을 세운 상태에서 숨을 크게 들이마셔 보자. 숨이 편하게 쉬어지는지 느껴보자. 어떤 자세가 숨을 쉬가 더 편한가?

자세를 바르게 하면 호흡이 잘 된다. 우선 목 앞쪽에 위치한 사각근이라는 근육이 갈비뼈를 들어 올림으로 인해 호흡이 원활하게 유지되는 것을 돕는다. 또한 갈비뼈들이 앞 뒤 옆으로 잘 벌어지면서 숨을 들이 마실 수 있는 충분한 폐 공간을 확보한다. 더욱이 바른 자세는 횡경막이 수축하는 데 도움을 주어 호흡량을 늘리는 데 결정적인 역할을 한다. 이렇게 호흡 기능이 좋아지면 구부정한 자세를 했을 때보다 많은 양의 산소를 섭취할 수 있게 된다.

## 뇌 활성화

폐를 통한 산소섭취량이 증가하면 뇌의 기능이 좋아진다. 뇌는 전체 체중에서 2퍼센트의 질량을 차지하지만 전체 산소섭취량의 20퍼센트를 사용할 정도로 산소를 많이 소비한다. 뇌 활동을 위해 산소가 많이 필요하기 때문인데 바른 자세를 통한 호흡량 증가는 뇌의 기능을 활발하게 한다. 나는 특히 장거리 운전 중에 졸음을 깨우기 위해 다음과 같이 바른 자세를 활용한다.

1. 창문을 열고
2. 의자 등받이에서 등을 떼고 몸을 곧게 세우고
3. 심호흡 10회 실시

이렇게 하면 졸음이 달아나고 주위가 환기되면서 졸음운전을 예방할 수 있다.

## 신경 자극

몸을 세우면 교감신경이 자극되어 기민하고 예민한 상태를 만든다. 몸을 세울 때 등 근육이 많이 자극되는데 등 근육을 수축시키면서 교감신경이 자극을 받기 때문이다. 미어캣이 주변을 경계하거나 위험요인을 발견하기 위해 몸을 세우는 자세를 취하는 것을 볼 수 있는데, 눈을 내 몸에서 가장 높은 지점에 놓이게 함으로써 적의 출현이나 주변 환경의 변화를 관찰하는 것이다. 인체 역시 몸을 세우는 자세를 취하면 기민하고 예민한 상태가 되어 주위를 환기하는 데 도움이 된다.

일이 잘 풀리지 않는다면 잠시 등받이에서 몸을 떼고 엉덩이를 의자 끝에 걸터앉아 몸을 곧게 세워 앉아보자. 기분 전환과 함께 뇌가 활발해지는 느낌이 날 것이다.

## 휴식과 스트레칭의
## 중요성

바른 자세는 강한 에너지를 내고 우리 몸을 건강하게 만든다. 그렇지만 너무 바른 자세만을 취하는 것도 좋은 습관이 아니다. 적절히 바른 자세와 쉬는 자세(잠깐 동안 취하는 나쁜 자세)를 섞어서 잘 활용하는 요령이 필요하다. 나는 이것을 여행으로 설명한다.

여행을 좋아하는 사람들이 있다. 일하면서도 주말마다 국내, 국외 등을 가리지 않고 여행을 다닌다. 여행이 아무리 좋아도 밖으로 돌아다니기만 한다면 몸이 피곤해진다. 여행을 다니더라도 집으로 돌아와 여독을 풀어야 다음 여행을 할 수 있는 힘이 생긴다.

바른 자세는 집에 머무르는 것이고 쉬는 자세는 여행을 다니는 것이다. 쉬는 자세를 취하다가도 스트레스가 쌓일 것 같으면 바른 자세로 돌아와서 여독을 풀어야 한다. 반대로 바른 자세만 오래 취하고 있는 것도 스트레스다. 정기적으로 자세를 바꾸어주면서 몸에 쌓이는 중력에 대한 스트레스를 자주 분산시키는 것이 좋다.

이와 같이 바른 자세를 중심으로 쉬는 자세를 번갈아가며 취하면 내 몸의 활력을 높이는 데 도움이 된다. 여기에 더 강한 에너지를 불러일으키고자 한다면 자세 스트레칭을 해주면 된다. 자세 스트레칭은 바른 자세를 쉽게 취할 수 있게 만들어주며, 나쁜 자세로 인해 굳어진 몸을 풀어주는 데 효과가 있다. 자세 스위치를 부드럽게 만들어 포스처 파워를 쉽게 발휘할 수 있도록 돕는다.

– 기지개 펴기

– 하늘 보기

- 옆구리 스트레칭
- 가슴 펴기
- 어깨 돌리기

지금 책을 읽는 동안에도 기지개를 펴고 하늘(천장)을 바라보자. 숨을 들이마시면서 두 팔을 벌려 가슴을 활짝 펴보자. 그 상태로 5초만 세어보자.

하나, 둘, 셋, 넷, 다섯!

자, 기분이 어떠한가? 몸이 시원해지고 컨디션이 좋아지는 게 느껴지는가? 몸의 시원한 느낌만큼 마음도 상쾌해지는 것이 느껴질 것이다.

이번엔 앉은 자리에서 잠깐 일어나 옆구리 스트레칭을 해보자. 손깍지를 끼고 머리 위로 쭉 뻗어보자. 그런 다음 옆으로 몸을 기울여 옆구리를 늘려보자. 이번엔 반대로 해보자. 허리가 시원하고 기분이 전환되는 느낌이 들 것이다. 자세를 회복하는 이런 잠깐의 움직임은 마치 식물에 충분한 물과 영양을 공급하는 것과 같다. 그리고 내 몸에 생기를 일으키고 활력을 불어넣는다.

# 06

## 바른 자세를 위한
## 건강 관리법

자세는 신체 건강과 관련이 있다. 배가 고플 때, 장염에 걸려 배가 아플 때, 몸살감기에 걸렸을 때와 같이 신체 에너지가 부족하거나 건강에 문제가 있을 때 자세는 움츠러든다. 물론 건강이 좋지 않은 상황에서도 자세를 곧게 세울 수 있다. 그러나 일시적이다. 자세를 세우더라도 오랫동안 지속하지 못한다.

지속적으로 바른 자세를 취하려면 무엇보다 균형 있는 영양, 규칙적인 운동, 충분한 수면 등과 같은 건강 습관이 중요하다. 이런 건강습관이 병행되었을 때 비로소 바른 자세를 지속적으로 취할 수 있다. 바른 자세에 도움이 되는 건강 관리법을 몇 가지 소개한다.

## 건강 관리법 1
## 영양

**적정량의 단백질 섭취**

근육은 몸을 세우고 관절을 잡아주는 역할을 한다. 근육의 대부분을 구성하고 있는 것은 단백질이다. 우리 몸은 하루에 1파운드(약 450그램)의 근육을 재배열하거나 생성하는데 이 과정에서 3/4은 기존 단백질을 재활용한다. 따라서 우리는 나머지 1/4의 단백질을 반드시 영양으로 섭취해야만 한다.

한국영양학회의 한국인 영양섭취 기준에 따르면, 하루 총 섭취에너지의 7~20퍼센트를 단백질을 통해 섭취하도록 권장한다. 19~49세 성인 남자의 단백질 권장섭취량은 일일 55그램, 50세 이상은 50그램이며, 20대 성인 여자는 50그램, 30세 이상은 45그램이다. 무지방우유 2컵와 저지방 요구르트 1컵, 작은 닭가슴살을 섭취하면 이 권장량을 충분히 채울 수 있다.

## 칼륨을 충분히, 나트륨을 적게!

칼륨과 나트륨은 근육을 움직이고 신경을 자극하는 역할을 한다. 칼륨과 나트륨의 균형은 근육을 통해 자세를 조절하는 데 있어 중요한데 이 둘의 비율은 1:1을 유지해야 한다. 그런데 현대인은 대개 채소나 과일 섭취가 적고 짜게 먹는 식습관으로 인해 칼륨은 적게 나트륨은 많이 섭취한다. 한국인의 경우 칼륨이 평균 2.9그램, 나트륨이 평균 4.5그램을 섭취한다. 칼륨과 나트륨의 비율이 깨지면 근육이 긴장할 가능성이 높아지고 자세가 움츠러들기 쉽다.

한국인의 하루 칼륨 권장량은 3.5그램, 나트륨 목표량을 2그램이다. 칼륨이 들어간 음식은 채소, 해조류, 감자, 고구마, 콩, 과일이다. 채소, 해조류, 감자, 고구마 또는 두부가 들어간 반찬을 2~3접시 섭취하고 바나나 1개나 귤 2개를 섭취하면 일일 적정량의 칼륨을 유지할 수 있다. 나트륨은 소금에 들어 있기 때문에 평소보다 덜 짜게 음식을 먹는 습관을 기르고 인스턴트식품을 피하면 섭취량을 줄일 수 있다.

# 운동

### 근력운동과 유산소운동을 병행하자

음식을 골고루 먹어야 하듯이 운동도 골고루 해야 한다. 운동 중 체력을 강하게 하는 가장 기본이 되는 운동은 근력운동과 유산소운동이다.

근력운동은 근육에 부하를 가하는 운동이다. 근력운동은 근육을 강하게 하고 관절을 잡아주는 힘을 길러주기 때문에 자세를 세우는 데 도움이 된다. 중량이 있는 물건을 들거나 내 체중을 이용하여 실시하는 방법이 있다. 어떤 방식이든 대개 한 동작을 할 때 15회를 1세트로 하여 3세트 정도 실시하는 것이 좋다.

자세에 좋은 근력운동은 팔굽혀펴기, 턱걸이, 스쿼트, 윗몸일으키기 등이 있다. 그러나 한 동작만 집중하기보다는 몸의 다양한 근육을 골고루 사용하면서 운동하는 것이 자세를 바르게 하는 데 도움이 된다.

유산소운동은 우리 몸의 큰 근육을 반복적으로 오랜 시간 사용하여 심폐능력을 단련하는 운동이다. 유산소운동을 규칙적으로 실시하면 심폐지구력이 좋아지면서 근육과 관절에 산소와 영양을 원활하게 공급하는 능력이 좋아진다. 유산소운동의 종류는 걷기와 달리기, 수영이 좋다. 유산소운동의 강도는 몸에 땀이 송글송글 맺힐 정도로 약간 힘들게 해야 효과를 얻을 수 있다.

## 자세교정 운동

자세를 바르게 하는 운동을 자세교정 운동이라고 한다. 자세교정 운동은 척추와 골반을 잡아주는 근육을 스트레칭하거나 단련하여 몸을 바르게 세울 수 있도록 돕는다. 자세교정 운동은 평소 너무 많이 사용하여 지나치게 짧아져 있거나 긴장되어 있는 근육을 스트레칭 한다. 반대로 너무 길어져 있고 약해져 있는 근육을 강화한다. 또한 몸의 겉에 있는 근육보다는 척추관절을 잡아주는 속근육을 단련하여 구부정해진 자세를 반듯이 세운다.

자세교정 운동 중 전 세계적으로 많이 알려진 스트레이튼업 운동법을 추천한다. 이 운동법은 남녀노소 할 수 있는 아주 쉬운 동작으로 구성되어 있으며 목에서 골반까지 전신에 걸쳐 자세를 바르게 할 수 있다.(http://www.straightenupamerica.org/ 참고)

자세는 뇌에 의해 조절된다. 그래서 자세를 바르게 유지하려면 무엇보다 뇌의 기능이 좋은 상태를 유지해야 한다. 하루 중 수면시간은 대략 7~8시간이다. 24시간 중 1/3이나 차지한다. 그리고 수면을 하는 동안에 우리의 뇌는 휴식을 취하고 노폐물을 배출한다. 따라서 숙면을 취하는 것은 일과 중 바른 자세를 만드는 데 매우 중요한 활동이다.

숙면을 위해서 잠잘 때도 자세를 바르게 해야 한다. 일반적으로 숙면을 돕는 바른 수면 자세는 다음과 같다.

**바로 누운 자세**

- 베개는 6~9센티미터 정도 높이로, 적당한 강도의 베개를 사용한다. 베개가 너무 높거나 낮으면 목 관절을 불편하게 만든다.
- 목 뒤 빈 공간을 수건을 적당히 말아 채워주어 목을 받쳐준다. 이렇게 목 뒤를 수건으로 받쳐주기만 해도 잠자면서 발생할 수 있는 일자목을 예방한다.
- 무릎 뒤에 두꺼운 베개나 쿠션 또는 이불을 말아 넣어 받쳐준

다. 무릎을 완전히 펴고 자면 허리에 부담을 준다. 무릎 뒤를 받쳐주고 올려주면 허리를 편안하게 한다.

**그림 13** 바로 누운 자세

## 옆으로 누운 자세

- 옆으로 누웠을 때 목이 가지런해질 정도까지 높은 베개를 사용한다. 대개 어깨너비 정도의 높이인데 바로 누운 베개보다는 높은 것을 쓴다. 이것은 목을 옆으로 꺾이는 것을 방지하여 목 근육이 긴장되지 않도록 한다.
- 무릎과 무릎 사이에 쿠션을 끼고 잔다. 다리의 정렬을 11자로 유지하도록 하여 골반이 앞으로 기울어지거나 허리가 옆으로 꺾이는 것을 막을 수 있다.

- 위쪽에 놓인 팔은 아래로 떨어지지 않도록 옆구리 위에 걸치거나 큰 베개를 앞에 놓고 끌어 앉고 잔다. 이것은 몸이 앞으로 비틀어지는 것을 막아주고 척추를 일직선으로 유지하도록 만든다.

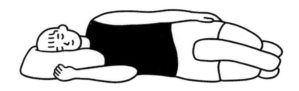

**그림 14** 옆으로 누운 자세

# 4장

# 포스처 파워 3
## 바른 자세로 젊어지고 아름다워진다

Posture
Power!

**"**

아름다운 자세를 갖고 싶으면

결코 너 자신이 혼자 걷고 있지 않음을

명심해서 걸어라.

 오드리 햅번, 영화 배우 **"**

# 바른 자세만 취해도
## 키가 2센티미터 커진다

나는 주변에서 키가 작은 사람들이 바른 자세를 취하고 있는 모습을 자주 본다. 키를 조금 더 크게 보이려고 노력하기 때문일 수도 있겠지만 자신감이 넘치며 당당해 보인다. 그리고 건강해 보인다. 그들은 배에 힘을 주고 정수리를 늘리는 자세를 취한다. 어깨 높이는 대칭적이고 척추는 가지런하게 정렬되어 있다. 더욱이 이런 자세를 티 나지 않게, 자연스럽게 취한다. 그래서 그런 자세를 취하는 사람이 있으면 나도 모르게 한 번씩 더 쳐다보게 된다.

세상에는 두 가지 자세가 있다. 내 키를 가장 크게 쓰는 자세와 내 키를 찌그러뜨리면서 쓰는 자세다. 바른 자세는 내 키를 가장 크게 쓰는 자세다. 실제 바른 자세를 취하면 평소보다 약 1센티미터에서 2센티미터까지 커진다. 이 키는 없다가 갑자기 생겨난 것이 아니다. 원래 내가 가지고 있었던 키다. 다만 평소에는 나쁜 자세 습관으로 인해 잠시 키가 줄어들었을 뿐이다.

실제 바른 자세를 할 때 키를 크게 만드는 것은 내가 교육생들에게 가장 강조하는 부분이다. 교육생들에게 골반을 가지런히 놓고 허리를 편 다음 마지막에 손바닥을 펴서 정수리 위에 1센티미터 정도 띄워서 놓으라고 한다. 그런 다음 정수리와 손바닥 사이에 빈 공간을 채우는 느낌으로 키를 크게 해서 자세를 취하라고 지시한다. 이렇게 하면 교육생들의 키가 쑥쑥 커지는 모습을 발견한다.

구부정한 자세를 비롯하여 모든 나쁜 자세의 공통점은 몸을 찌그러뜨리는 것이다. 앞으로 몸을 구부리는 자세, 옆으로 기대는 자세, 몸을 비트는 자세, 움츠리는 자세 등 이 자세들은 척추를 마치 캔을 찌그러뜨리듯이 위에서 아래로 압축시키는 방향으로 사용한다. 그래서 원래 키보다 작아진다.

많은 사람이 건강검진을 하면 해마다 키가 줄어든다는 이야기를 하는데 이건 결코 자연스러운 현상이 아니다. 나쁜 자세 습관을 가지고 있으면 그 자체로도 키가 줄어들 뿐 아니라 관절의 퇴행화도 빨리 일어나도록 한다. 충격적인 사실은 키가 줄어들수록 평균수명이 단축될 수 있다는 것이다.

런던대학에서 4,200명의 40~59세 남자를 대상으로 4그룹으로 나누어 20년간 그들의 키가 얼마나 줄어들었는지를 조사했다. 1센티미터보다 적게 줄어든 그룹, 1~2센티미터 줄어든 그룹, 2~3센티미터 줄어든 그룹 그리고 마지막으로 3센티미터 이상 줄어든 그룹으로 나누어 그룹별로 사망위험이 얼마나 높은지를 비교했다.

결과는 놀랍게도 20년간 3센티미터 이상 키가 줄어든 그룹이 1센티미터 미만으로 줄어든 그룹에 비해 사망위험이 1.45배 높다는 것을 확인했다. 연구 저자는 그 이유를 키가 줄어듦으로 인해 폐와 장기를 압박하고 기능이 떨어져서 호흡기와 심혈관계의 질환의 원인이 되기 때문이라고 말했다.[11] 반대로 말하자면 바른 자세 통해 정상적인 키를 회복하는 것은 내 평균수명을 늘리는 일인 것이다.

바른 자세로 키가 커지는 원리는 근육의 작용으로도 설명할 수 있다. 이것은 돛단배의 돛을 세우는 것과 같다. 돛단배에 돛을 세울 때 앞뒤 좌우의 줄이 균형 있게 잡아주지 않고 한쪽은 느슨하고 한쪽은 팽팽하게 당겨지고 있으면 돛은 강한 쪽으로 기울어진다. 그러나 모든 줄이 힘의 균형을 유지하며 동일한 힘으로 팽팽하게 잡아당겨지면 돛은 수직으로 곧게 잘 세워진다. 그렇게 되면 돛이 기울어졌을 때 비해 돛의 높이가 상대적으로 높아진다.

인체도 척추와 관절을 잡아주는 근육이 밸런스 있게 앞뒤 좌우로 잘 잡아주면 몸을 수직으로 잘 세울 수 있다. 그러나 근육의 밸런스가 좋지 않다면 몸이 기울어지거나 구부정해질 것이다. 많은 사람이 허리를 세울 때 복근에 힘을 주지 않고 허리만 젖히는 경우가 많다. 이렇게 되면 허리가 지나치게 뒤로 젖혀진다. 이 자세는 바른 자세가 아니다. 뒤로 구부정한 자세를 취하는 것이나 마찬가지다.

이렇게 허리만 젖히는 자세를 하면 근육이 불균형하게 척추를 잡아주기 때문에 키는 줄어든다. 이때 복근에 긴장감을 주어 편평하게 만든 상태에서 허리를 펴면 몸이 곧게 세워지는데 이때가 키가 가장 커진다. 그런데 바른 자세를 취하면 단순히 키가 커지고 건강함을 얻는 것에 그치지 않는다. 키가 커지면 내 몸의 대칭성이 좋아진다. 그리고 이렇게 바른 자세를 취하면 다른 사람이 나에게 매력을 느끼게 된다.

# 02

POSTURE
POWER

# 왜 저 사람은
# 빛나 보이는 걸까

바른 자세는 몸의 대칭성을 좋게 만들고 매력도
를 높인다. 나는 강의를 듣는 많은 사람에게 바른 자세를 가르
쳐 주고 자세가 어떻게 바뀌는지를 관찰하도록 한다.

한 사람을 강의실 앞으로 나오게 하여 정면을 보고 평소 서던
자세로 서도록 한다. 그런 다음 청중에게 서 있는 사람 좌우 어
깨 높이가 어떻게 다른지를 확인하도록 한다. 그런 다음 그에게
바른 자세 요령을 알려준 다음 자세를 고쳐서 바른 자세로 서보
도록 한다. 그러고 나서 다시 청중에게 어깨 높이가 어떻게 달
라졌는지 확인하도록 한다. 그러면 대부분 자세를 바르게 했을

때 좌우 어깨 높이가 균일해지는 것을 발견한다.

자세를 바르게 하여 키를 크게 하면 단순히 키를 크게 만드는데 그치지 않는다. 몸의 대칭성이 좋아진다. 좌우 귀 높이, 어깨 높이가 같아지고 몸의 비틀린 자세가 개선되는데, 이것은 척추를 곧게 세움으로써 척추와 연결된 어깨나 머리가 중심을 잡기 때문이다. 이렇게 바른 자세로 몸의 좌우 대칭성이 좋아지면 그 사람의 매력도가 높아진다.

뉴멕시코대학교의 생물학 교수인 랜디 쏜힐은 신체 대칭성과 매력과 관한 재미있는 연구를 했다. 1994년 남자 대학생 122명을 대상으로 신체 대칭성과 매력도에 대해 조사했다. 학생들의 신체 대칭성을 조사한 다음 그들이 얼마나 이성친구와 성관계를 빨리 맺었는지, 얼마나 많은 이성과 성관계를 했는지를 물었다.

결과는 신체가 대칭적인 남자들이 그렇지 않은 학생들보다 약 3~4년 정도 성관계를 먼저 시작했으며, 대칭성이 가장 완벽한 남자들이 가장 비대칭적인 남자들보다 2~3배 정도 더 많은 이성과 성관계를 맺은 것으로 나타났다.[12] 신체 대칭성이 이성에 대한 매력도에 영향을 미친 것이다.

이렇게 사람들이 균형 잡힌 몸매와 얼굴을 좋아하는 이유에 대해서 많은 생물학자와 진화심리학자들은 신체 대칭성이 유전자의 건강함과 관련이 있기 때문이라고 말한다. 사람들은 신체 대칭성을 보면서 그 사람이 우수한 유전자, 강력한 면역계, 좋은 영양상태, 원기 왕성한 생식능력을 갖고 있다고 무의식적으로 판단한다는 것이다.

이것은 인류가 오랫동안 겪은 경험과 관련이 있다. 전쟁을 치르고 부상당한 상이용사가 쩔뚝거리며 복귀하는 모습, 영양 부족 및 감염성 질환의 문제로 척추가 휘어지는 환자들의 비대칭적인 자세를 보아오면서 신체 대칭성 부족이 건강하지 못함으로 인식되었고 반대로 대칭적인 자세를 가진 사람일수록 건강하다고 판단하는 경향이 생겨났다. 물론 그렇다고 해서 이미 선천적인 자세결함을 가지고 있거나 성장 과정에서 측만증을 가지고 있는 사람들은 너무 낙담할 필요는 없다. 이미 고치기 힘든 자세결함의 여부보다는 자세 습관을 얼마나 바르게 하려고 노력하는가가 더 중요하기 때문이다.

선천적인 자세 결함이 없더라도 자세 습관이 좋지 않은 사람이 있다. 다른 사람들과 미팅을 할 때 몸을 의자 옆에 기대거나 비스듬히 앉는 그런 사람이다. 그런 사람은 설령 본디 가지고 있는 자세가 대칭적이라고 하더라도 매력도가 떨어진다. 반면 측만증이 있지만 다른 사람들 앞에서 최대한 가지런히 앉으려고 노력하는 사람들이 있다. 그런 사람은 본디 가지고 있는 자세가 비대칭적이라 할지라도 매력도가 높아진다. 자세는 그 사람의 태도를 나타내기 때문이다.

그러므로 내가 현재 어떤 상태이든지 의도적으로 몸을 세우고 바른 자세를 유지하려고 노력하는 것이 중요하다. 바른 자세는 키를 크게 하고 대칭성을 좋게 하기도 할뿐더러 내 나이를 더 젊게 보이도록 만든다.

# 03

# 5년은 젊어 보이는
## 비밀

당신이 배우라고 가정해보자. 당신은 노인을 연기해야 한다. 자, 감독의 액션 신호가 들어오고 카메라에 불이 들어왔다. 이때 당신은 어떤 자세를 취하겠는가? 대부분 구부정한 자세를 취할 것이다. 허리를 숙이고 등을 구부리며 느리게 움직일 것이다.

이런 자세는 TV 드라마나 영화에서 젊은 배우들이 노인을 연기해야 할 때 화면에 자주 비친다. 대부분 나이가 많을수록 구부정한 자세를 할 것이라는 고정관념이 있기 때문이다. 그런데 실제 나이가 많은 배우가 노인 배역을 연기할 땐 일부러 구부

정한 자세를 취하지 않는다. 오히려 자세를 더 펴려고 노력한
다. 자신이 여전히 건강하다는 것을 곧은 자세로 보여주고자 하
기 위함이다.

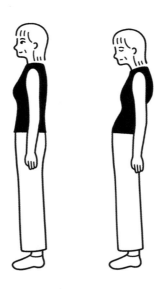

**그림 15** 어떤 자세가 더 젊어 보이는가?

루이빌대학교에서 같은 사람이라도 자세에 따라 어떻게 다르
게 보이는지를 알아보았다. 60명의 사람들에게 연속적으로 두
여성의 사진을 보여주고 외모를 평가해 보라고 했다. 어떤 여성

들은 구부정한 자세로 서 있었고 어떤 여성들은 똑바로 서 있었다. 참가자들은 일관되게 똑바로 서 있는 여성들이 더 젊어 보이며 더 매력적이라고 평가했다.[13]

나도 강의 중에 이것을 테스트해보곤 한다. 5~6명씩 팀별로 앉은 상태에서 테이블별로 한 팀원을 지목하여 순서대로 구부정한 자세와 바른 자세를 취하도록 한다. 그런 다음 다른 팀원들에게 어떤 모습이 더 젊어 보이는지 매력적으로 보이는지 손을 들어보라고 한다. 그러면 대부분이 바른 자세를 했을 때 그 사람이 더 젊어 보이고 매력적으로 보인다고 답한다.

물론 나이가 많아진다고 반드시 구부정한 자세가 되는 것은 아니다. 퇴행성 관절이나 근육 손실 등과 같은 건강 문제들은 노화와 관련이 있긴 하지만 자세는 노화와 상관없이 생활 습관과 운동 습관을 어떻게 유지하느냐에 따라 달라지기 때문이다. 이와 같은 바른 자세를 통해 젊어 보이는 현상은 일시적인 효과뿐 아니라 실제로 내 몸이 젊어지게 만든다.

오랜 시간 자세 습관을 바르게 유지하면 몸에서 많은 변화가 일어난다.

우선 바른 자세는 밝은 인상을 만들고 피부를 생기 있게 만든다. 자세를 바르게 하면 몸을 세우는 근육들이 탄력을 갖게 되는데 몸을 세우는 근육은 등, 허리뿐 아니라 얼굴에도 있다. 대표적으로 눈꺼풀 올림근, 입꼬리 올림근이 있다. 이 근육들은 눈꺼풀을 올려주거나 입꼬리를 올려주는 역할을 한다. 몸을 가지런히 세우면 이 근육들이 함께 작용하여 얼굴을 잡아주고 펴준다.

아침에 바로 일어나서 거울을 보면 얼굴이 처져 있고 못나 보인다. 자는 동안 얼굴을 잡아주는 근육들이 이완되어 있기 때문이다. 바른 자세는 얼굴 근육들이 처지지 않게 자극한다. 더욱이 미소와 관련된 근육들은 마음 상태에 따라 영향을 받는다. 바른 자세와 함께 긍정적인 생각을 하면 얼굴에 미소를 짓는 근육이 자극을 받아 웃는 인상을 만든다. 자세가 바르고 긍정적인 마인드를 가진 사람들의 얼굴이 밝아 보이는 것은 이 때문이다.

또한 목을 가지런히 세우면 턱관절의 균형에도 도움이 된다.

목이 한쪽으로 기울어져 있으면 턱관절을 틀어지게 만든다. 턱관절은 말을 할 때나 음식을 씹을 때 끊임없이 운동을 한다. 만약 턱관절이 틀어지면 이 과정에서 두개골에 불균형한 자극을 주어 얼굴을 비대칭적으로 만든다. 오른쪽 왼쪽 눈썹 높이가 달라지고 코가 한쪽으로 기울어진다.

기울어진 목을 수직으로 곧게 세우면 턱관절 균형이 좋아진다. 턱관절이 운동할 때 두개골에 더 균일한 자극을 가하여 얼굴을 대칭적으로 만든다. 대칭적인 얼굴은 사람을 매력 있게 보이도록 한다.

이뿐만이 아니다. 바른 자세는 피부를 생기 있게 만든다. 피부는 근육과 연결되어 있다. 피부는 바로 아래층에 근막이라고 하는 얇은 막과 연결되어 있다. 그리고 근막은 근육을 감싸고 있다. 근육이 제 기능을 못 하고 긴장된 상태를 오래 유지하면 근막도 함께 경직된다. 근막이 경직되면 근막과 연결된 피부에 여러 가지 순환 장애가 생기는데 피부로 공급되는 영양과 수분 보충이 이루어지지 않고 피부에 쌓인 노폐물이 배출되지 못한다. 이런 상태가 지속되는 피부는 탄력을 잃게 된다. 반면 바른 자세를 유지하면 근육이 부드럽게 움직일 수 있는 상태가 된다. 이는 곧 근막의 생리적인 순환이 잘 일어나도록 하여 피부를 더 탄력 있고 생기 있게 만든다.

바른 자세는 안티에이징을 위한 가장 빠르고 쉬운 습관이다. 돈도 들지 않는다. 값비싼 피부 관리를 받기 전에 일단 자세부터 바르게 하자.

## 04

POSTURE
POWER

# 땀 흘리지 않고도
# 날씬해지는 마법

## 목선, 턱선, 허리라인을
## 날렵하게 만들자

운동할 시간은 부족하고 당장 내 몸을 날씬하게 보이고 싶다면 자세를 바르게 하라. 자세를 바르게 하면 체중이 5킬로그램은 가벼워 보이도록 만들고, 균형 잡힌 몸매로 보이도록 만든다.

　동일한 질량의 밀가루 반죽이 두 개가 놓여 있다고 생각해보자. 하나는 5센티미터 높이의 원통 반죽을 만들고 하나는 10센티미터의 원통 반죽을 만들어보자. 어떤 반죽이 더 날씬해 보이겠는가? 10센티미터 길이로 만든 원통 반죽이 더 얇고 가늘어 보일 것이다.

사람의 몸도 같은 효과를 준다. 내 몸의 체중은 동일한데 바른 자세로 몸을 세우고 키를 크게 하면 원래 체중보다 날씬하게 보이는 효과를 준다. 이것은 간단한 체험을 통해서도 확인할 수 있다.

- 배 위에 손바닥을 놓는다.
- 허리에는 다른 손의 손등을 붙인다.
- 최대한 구부정한 자세를 취하고 손바닥과 손등 사이의 너비를 느껴보자.
- 이번에는 바른 자세를 취하고 몸을 가지런히 세운 다음 다시 손바닥과 손등 사이의 너비를 느껴보자. 차이가 있는가? 그렇다면 어떤 자세를 취했을 때 더 허리가 잘록해지는가?

몸을 구부정하게 하면 허리 근육만 긴장하고 복부, 옆구리 근육은 느슨해지면서 배가 나온다. 더욱이 배 안에 있는 장기와 여러 기관들이 위에서부터 아래로 압박을 받으면서 약한 복부 쪽으로 밀린다. 반면 허리를 세우면 복부 근육, 옆구리 근육, 허리 근육이 다 함께 힘이 들어가면서 몸통을 잡아준다. 복부의 압박이 줄어들고 근육이 몸통을 둘러싸며 균일하게 잡아주기 때문에 허리를 더 잘록하게 만든다.

거북목과 턱선은 어떠한가? 구부정한 자세를 하면 거북목이 만들어진다. 거북목이 되면 턱 아래에서 목 앞쪽으로 연결된 근육들이 길어지고 약해진다. 그러면서 턱선은 상대적으로 아래로 길게 쳐지게 되고 목선은 점점 앞으로 기울어진다. 턱선과 목선의 경계가 모호해지고 실제 거북이 목처럼 보이게 만든다. 그래서 간혹 거북목을 오래 하고 있었던 사람을 보면 턱 밑 라인이 없이 아래로 길게 늘어진 것처럼 보이는 경향이 있다.

반면 바른 자세로 목을 가지런하게 세우면 턱 아래, 목 앞쪽 근육에 힘이 들어간다. 턱선은 위로 끌어당겨지고 수평을 유지하며 목선을 수직에 가깝게 세워진다. 목선과 경계가 명확해지고 턱의 라인이 명확하게 드러난다.

허벅지도 마찬가지다. 허벅지 양옆에 유독 군살이 생기는 사람들이 있다. 말안장과 비슷한 모양이라고 해서 승마살 saddle back 이라는 별명이 붙은 군살이다. 이 군살은 휜 다리로 인해 허벅지 뼈가 안으로 돌아가면서 그 주변을 잡고 있는 근육의 불균형에 의해 생긴 것이다. 평소 선 자세에서 엉덩이에 힘을 주고 아랫배를 이용하여 골반을 세우면 이 승마살을 뺄 수 있다. 그러면 바지를 입어도 허벅지 라인이 좀 더 날씬해지는 효과를 준다.

바른 자세는 이런 바디라인의 변화뿐만 아니라 실제 칼로리 소비에도 영향을 미친다. 바른 자세는 몸 전체 여러 근육을 다 같이 고르게 사용하도록 만드는데 이는 곧 기초대사량을 높여준다. 나쁜 자세는 특정한 한 근육만 긴장을 하는 반면, 바른 자세는 대칭되는 좌우 근육을 원활하게 수축 이완할 수 있는 상태를 만들기 때문이다.

기초대사량은 아무 일도 하지 않을 때 생명을 유지하기 위한 최소한의 열량으로 이 열량의 증가는 일일 총 에너지 소비량의 증가를 의미한다. 그러므로 같은 운동, 같은 신체활동도 바른 자세를 유지하면서 하면 다이어트 효과는 더 높아진다. 요가나 필라테스와 같이 바른 자세를 유지하면서 천천히 동작을 하는 운동들이 보기보다 힘든 느낌이 드는 것도 이와 같은 이유다.

# 통증은 없어지고
## 바디라인은 살아난다

"몸의 라인이 좋아진 것 같아요"

모 백화점 문화센터에 자세교정 프로그램을 진행했다. 이 프로그램은 1주일에 1회 90분씩 운동을 통해 6주간 바른 자세를 훈련하고 습관화시키는 프로그램이었다. 프로그램 전에 자세 사진을 촬영하고 끝난 다음에 촬영하여 두 사진을 비교했는데 한 참가자가 자신의 변화된 모습에 만족하며 한 말이다. 그녀의 자세 변화는 거북목이 개선되고 등이 전보다 펴졌으며 엉덩이 관절이 중립자세로 돌아왔다.

이 프로그램의 가장 어려운 점은 시간이었다. 6주 동안 1주일에 1회 정도의 시간은 드라마틱한 자세 변화를 만들기엔 턱없이 부족한 시간이었다. 대부분 자세교정의 시간을 1주일 2~3회, 3개월을 잡곤 한다. 그러나 이 프로그램은 백화점 문화센터에서 진행되던 터라 시간을 늘리거나 횟수를 늘리면 참가자들의 비용 부담이 높아질 수밖에 없었다. 그래서 최소한의 시간으로 최대한의 교정 효과를 보아야만 하는 어려운 미션이 주어졌다.

우선 부족한 시간을 보완하기 위해 참가자들에게 습관의 중요성을 강조했다. 운동 전후에 꼭 바른 자세를 취하는 법을 가르쳐주고 연습했다. 그래서 평소에도 이 자세를 꾸준히 유지할 것을 강조했다. 다른 방법으로 운동 프로그램이 그룹이었음에도 개인 맞춤의 요소를 넣었다. 자세를 개인별로 분석하고 리포트를 제공했으며 그룹 운동 중간에는 개인별로 다른 운동을 할 것을 지도했다.

그러자 변화는 나타났다. 각자 자신의 나쁜 자세를 개선하는 결과를 얻었다. 주목할 만한 점은 참가자들이 외모와 관련하여 많은 자신감을 얻었다는 것이다. 참가자들은 자신의 외모의 변화와 관련하여 다음과 같이 평가했다.

"몸매가 더 날씬해진 것 같아요."
"턱 라인이 더 선명하게 보이는 것 같습니다."
"등이 펴져서 옷을 입어도 자신감이 드네요."
"허리가 잘록해진 느낌이 들어요."

흥미롭게도 참가자들이 본래 이 프로그램에 참여했던 목적은 '자세교정을 통한 통증 개선'이었다. 그러나 그 이상으로 외모의 변화에 대해 크게 만족했다는 점에서 바른 자세가 가진 건강 이상의 가치를 확인할 수 있었다.

# 05

# 내면은 어떻게 해야
## 아름다워질까

## 아름다움은
## 내면에서 우러나온다

자세는 외적인 미모뿐 아니라 내적인 미모도 돋보이게 만든다.
당신을 품위 있는 사람으로 보이게끔 한다. 품위란 사람이 갖추
어야 할 위엄이나 기품을 뜻한다. 품위를 나타내는 데 있어 매
너, 패션, 메이크업, 스피치, 헤어 등 여러 가지 외적인 요인이
있다. 그중 자세는 품위를 보여주는 강력한 방법이다. 메이크업,
헤어, 패션과 같은 요인들은 쉽게 따라 할 수 있다. 그러나 내

면의 마음 상태에 따라 나타나는 자세는 쉽게 따라 할 수 없다.

**그림 16** 악수하는 자세의 정석

　영국 여왕과 마릴린 먼로가 악수를 하고 인사를 하는 모습이다. 곧게 세운 몸, 넓게 펼쳐진 가슴, 긴장되지 않은 어깨, 구부리지 않은 목, 상대방을 향한 눈인사 모든 게 완벽하다. 두 사람 모두 기품 있는 자세와 태도를 유지하고 있는데 어떤 사람도 자신을 낮추거나 상대방을 높이고 있지 않다. 상대방에 대한 예의를 갖추면서 자신의 품위를 잘 유지하고 있다. 만약 한 사람이 상대방을 향해 목을 숙이거나 등을 구부린 자세를 취했다면 이 사진은 빛이 바랬을 것이다.

# 품위 있는 자세의
## 정석

그렇다면 품위 있는 자세는 어떤 자세일까?

품위 있는 자세의 핵심은 몸의 중심을 유지하는 것이다. 배에 힘을 주고 몸을 곧게 세운다. 그리고 최대한 몸을 기울이지 않고 대칭성을 유지한다. 턱을 들거나 허리를 너무 젖히지 않는 것이 좋다. 목은 숙이지 않은 가지런한 자세를 유지하고 머리는 정면을 향한다.

앉은 자세에서는 몸을 세우는 것 못지않게 다리 자세가 중요하다. 상대방에게 예의를 갖추고 품위를 지키려면 다리를 모으거나 11자로 간격을 유지한 상태에서 손을 가볍게 올리는 자세가 좋다. 만약 다리를 꼬고 앉는다면 다리의 각도를 최대한 세우고 양다리가 평행이 되도록 유지하자. 한쪽 다리를 양반 다리 자세로 꼬는 자세는 되도록 피해야 하는데 자칫 이 자세는 상대방에게 경쟁적인 모습으로 비칠 수 있기 때문이다.

악수를 할 때는 기본적으로 바른 자세를 한 상태에서 몸을 상대방을 향하도록 한다. 그런 다음 한 손으로 악수를 청하는데 악수는 기본적으로 오른손 한 손으로 하는 것이 기본이다. 악수는 서로 간 무장해제의 의미가 담겨 있기 때문이다. 가볍게 손을 잡을 상태에서 2~3번 정도 손을 흔들면 된다.

악수를 할 때에는 반드시 상대방과 눈을 마주쳐야 한다. 눈을 마주치지 않는 악수는 상대방에 대한 무시로 간주된다. 또한 상대방이 연장자나 나보다 높은 위치에 있는 사람이라면 존중한다는 의미로 몸을 10~15도 정도 살짝 숙여주는 것이 좋다. 이때 등을 구부리지 않고 몸을 세운 상태에서 기울여야 품위를 유지할 수 있다.

무엇보다 품위 있는 자세는 겉모습이 아니라 마음에 달려 있다. 외적으로 표현되는 자세만큼 내면의 가치관, 자존감, 상대방에 대한 배려심을 가지려고 노력하는 것이 중요하다. 그러한 마음과 자세 습관이 오랫동안 배어 있어야 진정 품위 있는 자세가 우러나온다.

어떤 사람은 바른 자세 덕분에 키가 커지고 매력적이고 날씬해 보이며 젊어 보이고 품위 있어 보이는 현상을 일종의 '환상'이라고 말한다. 있는 그대로의 모습이 아닌 거짓된 모습이라고 비판하기도 한다.

그러나 우리는 누구나 타인에게 좋은 모습으로 비치기를 바

란다. 그렇게 나를 가꿈으로써 자신감을 얻고 삶의 활력을 얻는
다. 특별한 시간과 돈을 투자하지 않아도 나를 돋보이게 할 수
있는 바른 자세를 하지 않을 이유는 없다.

# 5장

# 포스처 파워 4
# 바른 자세로
# 관계를 주도한다

Posture
Power!

**"**

나는 우아하게 나이 들고 싶다.
바른 자세를 취하고 싶고, 건강해지고 싶고,
자식들에게 좋은 본보기가 되고 싶다.

<u>스팅, 가수</u> **"**

# 01

## 자세는
## 전염된다

자세는 전염된다. 마치 바이러스가 전염되듯이 자세가 사람과 사람 사이에서 전염된다. 주변에 바른 자세를 하고 있는 사람이 많으면 나도 바른 자세를 취하게 된다. 나쁜 자세를 취하고 있는 사람이 많으면 내 자세 습관도 나빠진다.

왼쪽 사진의 자세는 전 세계적으로 인간공학 전문가들이 권고하는 올바른 스마트폰 사용 자세다. 오른쪽 자세는 텍스트넥 자세로 스마트폰을 볼 때 고개를 숙여서 보는 자세다. 참고로 텍스트넥 자세는 목 근육과 관절에 스트레스를 많이 주어 각종 목 질병의 원인이 된다.

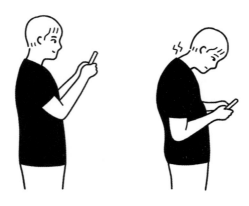

**그림 17** 스마트폰을 보는 두 가지 자세

 

이 두 사진을 보고 어떤 모습이 익숙해 보이는가? 만약 왼쪽 사진에서 큰 이질감이 느껴진다면 당신 주변에 바른 자세로 스마트폰을 사용하는 사람이 없었다는 이야기다. 같은 맥락으로 오른쪽 사진이 익숙해 보인다면 당신 주변에 이런 자세로 스마트폰을 사용하는 사람이 많았을 것이다.

## 바른 자세는
## 뇌가 먼저 알아본다

사람은 타인의 표정이나 행동을 따라 하고 공감하는 특별한 능력이 있다. 타인이 웃으면 나도 즐거움을 느끼고, 타인이 춤을 추면 나도 춤을 추고 싶어진다. 이런 특별한 능력은 거울신경세포가 있기에 가능하다. 거울신경세포는 타인의 특정 움직임이나 행동을 보고 마치 자기가 하고 있는 것처럼 느끼게 하는 신경세포다.

실제로 이것은 하나의 세포로 되어 있는 것은 아니며 특정 행동에 따라 여러 신경이 작용하는 네트워크 개념으로 이루어진다. 다른 사람이 춤을 추면 뇌 속에 춤과 관련된 신경세포들이 활동을 하기 시작한다. 다른 사람이 웃는 표정을 지으면 나 역시 즐거운 감정과 관련된 신경세포들이 활동을 한다. 이런 반응은 아주 짧은 시간 동안 무의식적으로 일어난다.

하버드대학교의 폴 월른 박사팀은 우리의 뇌가 타인의 표정에 어떻게 반응하는지에 대해 실험을 했다. 실험 참가자들에게 겁에 질린 표정을 한 사람의 사진을 0.01~0.03초 정도 아주 잠깐만 보여주었다. 그다음 바로 이어서 그보다 더 긴 시간인

0.167초 동안 무표정한 얼굴 사진을 보여주었다. 그런 다음 기능적 자기공명영상fMRI을 이용해 뇌를 스캔하여 그 과정에서 일어나는 뇌 혈류량의 변화를 살펴보았다.

결과는 겁에 질린 표정을 한 사람의 사진을 본 아주 짧은 시간 동안 두려움을 관장하는 대뇌 편도체로 가는 혈류량이 증가하는 것을 발견했다.[14] 0.167초이면 의식적으로 사진을 기억하지 못하는 시간이다. 그런데도 그 짧은 순간 동안 뇌가 무의식적으로 반응을 한 것이다.

표정과 마찬가지로 다른 사람이 어떤 자세를 취하는가에 따라 내 자세에도 무의식적인 영향을 미친다. 주변에 동료나 가족들이 구부정한 자세 습관을 가지고 있으면 나 역시도 그런 습관을 따라 하게 되며, 바른 자세를 하고 있는 사람이 많으면 나 역시도 바른 자세를 취할 확률이 높아진다. 자세가 뇌의 반응을 통해 전염되는 것이다.

# 자세를 통해
## 타인을 경험한다

문제는 이렇게 타인의 자세가 나에게 전염되는 것에만 있지는 않다. 진짜 문제는 다른 사람의 자세를 통해 그 자세와 관련된 다른 느낌이나 감정까지도 경험한다는 데 있다. 자세가 바른 사람이 앞에 있다고 가정해보자. 우선 내 거울신경 세포에 의해 바른 자세에 대한 뇌 부위가 활성화된다. 그리고 이것은 무의식적으로 그와 관련된 감정이나 신체 건강상태, 외모를 연상하도록 만든다. 바른 자세를 통한 자신감, 강한 에너지 그리고 매력적인 외모가 그것이다. 결국 다른 사람의 바른 자세를 통해 나 역시도 자신감이 넘치거나 긍정적인 감정을 느끼고,

신체적으로 강한 힘을 경험하게 하며, 매력적인 외모를 가졌을 때와 같은 기분 좋은 느낌을 느낀다.

구부정한 자세를 하고 있는 사람이 앞에 있다면 이와 반대의 경험을 겪는다. 나쁜 자세와 관련한 무의식적인 공감과 연상을 통해 나 역시 기운이 없거나 자신감이 적은 그리고 부정적인 감정을 느낀다. 또한 신체적으로 약한 힘을 경험하며, 외모에 대해 더 매력적이지 않은 느낌을 느낀다.

만약 당신의 어머니께서 지금 이 책을 읽는 동안 갑자기 당신의 구부정한 자세를 꾸짖으며 "○○야, 자세 좀 똑바로 해!"라고 했다면 그것은 어머니가 당신의 자세를 통해 부정적인 느낌을 받은 것이다. 그리고 그것을 수정하여 더 자세를 바르게 만들어야겠다는 판단을 하셨을 뿐이다.

만약 입장을 바꾸어 당신의 자녀가 똑같이 구부정한 자세로 책을 읽고 있다면 어떠할까? 당신 역시 자녀의 구부정한 자세를 통해 나쁜 느낌을 받을 것이고 곧장 잔소리를 치게 될 것이다.

"○○야, 자세 좀 똑바로 해!"

물론 이런 프로세스는 우리가 느끼지 못할 정도로 매우 찰나의 순간 동안 이루어진다. 그래서 자녀의 자세에 대해 잔소리한 이유에 대해 물으면 그저 "그냥, 보기 싫어서"라고 답할 것이다. 어머니가 아니더라도 가족이 아닌데도 주변에 자세가 구부정하면 심하게 핀잔을 주는 사람이 있다. 한 사업가는 상담을 받으러 온 청년이 자세가 구부정한 모습을 보고 자세부터 고쳐잡으라고 조언했다는 사례도 있다. 그런 사람들은 구부정한 자세에 대한 부정적인 느낌을 강하게 느끼는 사람이다. 그래서 다른 사람들이 어떤 자세를 취하는지에 대해 누구보다 예민하게 반응한다.

그러나 이렇게 내 자세를 지적하고 내 자세가 나쁘다는 것을 강하게 일러주는 사람은 나를 아끼는 사람들이다. 내가 부정적인 감정이나 건강 상태를 경험하는 것을 원치 않기 때문에 조언을 해주는 것이다. 아끼지 않으면 지적도 하지 않는다.

이처럼 자세는 타인에게 전염된다. 그리고 자세뿐만 아니라 기분, 감정, 까지도 경험하도록 한다. 내가 자세를 어떻게 취하는가에 따라 상대방과의 관계에도 영향을 미칠 수 있다. 자세가 내 마음의 스위치가 될 수도 있지만 타인의 마음의 스위치가 될 수도 있다.

# 03

POSTURE
POWER

## 상대방에게 전달되는
## 무언의 메시지

사람을 처음 만날 때 어떤 사람은 태도가 좋아 보이는 반면 어떤 사람은 건방져 보이는 사람이 있다. 어떤 사람은 자신감이 있어 보이는 반면 어떤 사람은 긴장을 하고 초조해 보이는 사람이 있다. 처음 만난 상대방이 말로써 그것을 말해주지 않았음에도 우리는 그런 느낌을 어떻게 느끼는 것일까? 그 답은 바로 자세에 있다.

사람을 처음 만날 때 대부분 상대방에 대해 많은 것들을 알지 못한다. 그래서 대개 표정, 자세, 몸짓, 옷차림새와 같은 첫인상을 통해 상대방에 대한 정보를 얻으려고 한다. 이때 자세는 상대방의 마음과 건강 상태를 추정할 때 좋은 정보로서 활용된다. 자세가 어떤가에 따라 상대방의 마음이 어떤 상태이고 건강이 어떤지를 추정한다. 이것을 언어 관점에서 '보디랭귀지'라고 한다.

보디랭귀지는 상대방과 대화를 나눌 때 여러 몸짓이나 자세를 통해 전달되는 메시지를 말한다. 보디랭귀지는 대부분 무의식적으로 일어나기 때문에 일반적으로 나누는 의식적인 대화보다도 상대방에게 더 많은 메시지를 전달한다.

'메라비언 법칙'에 따르면 대화 중 상대방과의 소통에 있어 말이 차지하는 비중은 7퍼센트밖에 되지 않는다. 반면 보디랭귀지를 통해서는 55퍼센트나 차지한다. 나머지 38퍼센트는 목소리다.[15] 실제로 말을 주고받는 것 같지만 많은 정보를 몸짓이나 자세 그리고 목소리를 통해 얻고 있는 것이다. 다르게 해석하면 우리는 그 사람의 실제 말보다 보디랭귀지를 통해 나오는 정보를 더 신뢰한다고 볼 수 있다. 그렇다면 자세에 따라 상대방에게 어떤 메시지가 전달될까?

# 자세로도
## 대화를 한다

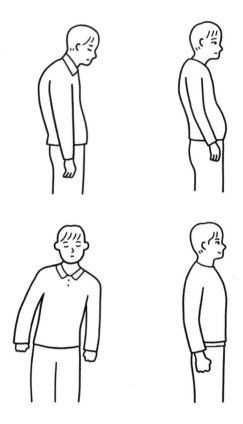

그림 18 구부정한 자세, 배를 내미는 자세, 비대칭적인 자세, 바른 자세

흔히 사람과 대화를 나눌 때 취하는 자세는 네 가지다. 구부정한 자세를 취하거나, 배를 내민 자세를 취하거나, 비대칭적인 자세를 취하거나, 몸을 곧게 세운 자세다. 각 자세는 상대방에게 다음과 같은 메시지를 전달한다.

1. **구부정한 자세**

   : 슬프다, 건강하지 않다, 일이 잘 풀리지 않는다

2. **배를 내민 자세**

   : 거만하다, 상대방을 무시한다, 나만 생각한다

3. **비대칭적인 자세**

   : 이 자리를 피하고 싶다, 자신감이 부족하다, 대화를 끝내고 싶다

4. **몸을 곧게 세운 자세**

   : 자신감, 긍정적이다, 상대방을 존중한다

예를 들어 만약 내가 뒤로 몸을 기대어 배를 내민 자세를 취하고 있다면, "나는 당신을 전혀 신경 쓰지 않고 있어요. 나는 대단한 사람이니까요"라는 말을 반복하는 것과 같다. 이 자세는 거만하고 나밖에 생각하지 않는 자세로 상대방으로 하여금 무시하고 배려가 없다고 느끼게끔 한다.

만약 구부정한 자세를 취하고 있다면, "나는 지금 우울하네요. 몸도 피곤하고요"라는 메시지가 반복된다. 이 자세는 내가 현재 기분이 그리 좋지 않으며 신체적 피곤함이 있음을 나타낸다. 자세가 구부정하면 일단 건강해보이지 않기 때문에 상대방에게도 불편함을 느끼게끔 한다.

몸을 한쪽으로 비틀고 앉는다면, "나는 이 자리가 불편하네요. 빨리 일어나고 싶어요"라는 메시지가 반복된다. 일종의 회피 상태를 나타내는 자세로 상대방 입장에서는 자리를 오래 지속하면 안 될 것 같은 느낌을 받는다.

그러나 곧게 세운 자세를 취한다면, "나는 성공적인 사람이에요. 그리고 당신을 존중하고 있어요"라고 반복하는 것과도 같다. 이 자세는 내 마음의 상태가 자신감이 있으며 긍정적인 상태임을 나타낸다. 그래서 상대방으로 하여금 나에 대한 매력을 느끼도록 한다.

특히 바른 자세는 상대방에 대한 존중의 메시지를 던진다. 척추를 곧게 세운 자세는 신경이 가장 원활하게 흐르는 상태를 유지한다. 이 상태에서는 모든 감각이 예민해져서 외부 환경에 대해 빠르게 반응할 수 있다. 대화를 나눌 때 바른 자세를 취하게 되면 이야기와 몸짓, 자세 등 시각, 청각, 후각 등과 같이 상대방으로부터 나오는 모든 정보를 받아들일 준비가 되어 있음을 나타낸다. 그리고 그 정보에 따라 생각하고 대응할 준비가 되어 있다는 메시지를 상대방에게 던진다. 그래서 대화를 나눌 때 상대방이 몸을 곧게 세우고 있으면 마치 그가 내 이야기에 집중하고 경청하고 있다고 느껴진다.

일단 누군가를 만날 때 상대방과 어떤 말을 할까를 생각하기 전에 우선 내 자세부터 살펴보자. 혹시 자세가 구부정하지는 않은지 거만해 보이지는 않는지를 고려해야 한다. 자세는 입에서 나오는 말보다 더 강한 메시지를 상대방에게 전달한다. 그 메시지는 마치 무한 반복되는 노래처럼 자세를 고쳐잡기 전에는 멈추지 않고 끊임없이 반복된다.

# 정말 통하려면
## 몸부터 가지런히 하자

어떤 사람하고 이야기할 때는 기분이 좋아지고 나도 모르게 말을 더하게 되는 경우가 있다. 어떤 사람과의 대화는 기분이 나빠지면서 나도 모르게 말을 많이 하지 않게 되는 경우가 있다.

예전 한 TV 예능프로그램에서 모 유명 배우가 시골 할머니께 김장을 담그는 것을 배우고 있었다. 단상 가운데에는 여러 김장 재료들이 준비되어 있었고 재료 좌우에 배우와 할머니가 나란히 앉아 있었다. 그런데 배우가 김장을 열심히 배우던 중에 느닷없이 할머니가 배우를 향해 호통을 치기 시작했다.

"자세가 불량하다! 똑바로 앉아서 썰어야지 옆으로 앉아서!"

배우는 갑작스러운 할머니의 다그침에 깜짝 놀라는 모습이 역력했다. 화면을 가만히 보니 배우의 자세가 실제로 한쪽으로 몸을 비틀고 있는 것이 보였다. 그리고 구부정하기까지 했다. 물론 배우가 의도적으로 그런 자세를 취한 것은 아니었다. 배우는 자연스럽게 정면에 놓인 카메라 방향을 보고 앉았는데 김장 재료가 옆쪽에 놓이다보니 자연스럽게 그런 옆으로 앉은 자세를 취하게 된 것이었다.

그러나 방송을 잘 모르는 할머니는 그 자세를 보고 배우가 김장에 집중하고 있지 않다고 느꼈고 마음이 불편하셨던 모양이었다. 결국 할머니는 답답한 마음에 카메라가 돌아가는 와중에도 자신도 모르게 호통을 치셨다.

자세는 태도를 나타낸다. 어떤 일을 할 때나 대화를 나눌 때 집중을 하는지 그렇지 않은지를 보려면 자세를 보면 알 수 있다. 자세를 곧게 세운 상태에서 대상을 향해 정면으로 앉아 있으면 집중하는 것처럼 보인다. 반대로 자세를 구부정하게 하고 몸을 비틀고 앉아 있으면 생각과 마음이 다른 곳에 있는 것처럼 보인다.

내 몸이 향하는 방향은 관심사를 나타낸다. 골반, 가슴, 얼굴이 어디를 향하는가에 따라 그 방향에 있는 무언가에 집중되어 있음을 나타낸다. 그 중 보디랭귀지에서는 골반과 가슴 즉, 몸통이 향하는 방향을 중요하게 본다. 얼굴은 왼쪽으로 향하고 있어도 몸통이 오른쪽으로 향해 있으면 관심사는 몸통 쪽에 있는 것으로 여긴다.[16]

만약 당신이 회사에서 모니터를 보고 작업에 열중하다가 후배가 나에게 무언가를 물어본다면 나는 후배 쪽으로 고개만 돌아보며 대답할 것이다. 이 자세는 후배보다는 지금 하고 있는 작업에 더 집중하고 있다는 의미를 나타낸다.

만약 같은 상황에서 사장님이 옆에서 나에게 무언가를 물어본다면? 아마도 일어서서 몸 전체를 사장님 방향으로 돌려서 대답할 것이다. 지금 하고 있는 작업보다 사장님의 이야기에 모든 관심을 집중하고 있음을 나타낸다.

여러 사람과 대화를 나눌 때도 마찬가지다. 누군가가 말을 시작할 때 내 몸을 말하는 사람 쪽을 향하여 가지런히 앉으면 말하는 사람 입장에서는 내가 자신의 말에 경청하고 있다고 느낀다. 그러나 내 자세가 구부정하고 몸통을 비틀어서 앉아 있으면 말하는 사람은 자신이 말하는 것 외에 다른 것에 관심이 있다고 여긴다.

이와 같은 이유로 바른 자세는 고객에 대한 좋은 서비스 태도를 강조하는 직업군에서 많이 활용된다. 스튜어디스, 호텔리어, 백화점 직원들이 그 예다.

스튜어디스는 기내에서 몸을 바르게 세운 자세를 유지한다. 고객에게 좋은 서비스 태도를 나타냄과 동시에 기내 승객들의 안전을 관리하고 통제하는 권한을 자세로 나타낸다.

호텔리어들 역시 몸을 곧게 세우고 좋은 태도를 유지한다. 그들은 고객이 무의식중에도 자신을 보고 있다고 여기고 고객을 직접 응대하지 않는 순간에도 바른 자세를 유지한다.

백화점 명품 매장 직원들은 손을 모으고 가지런히 선 자세를 유지한다. 제품의 고급스럽고 특별한 이미지를 직원의 자세에 반영하는 것이다. 그리고 언제든지 바로 고객을 응대하고 있다는 무언의 메시지가 담겨 있다.


가지런한 자세는 소통의 기본이다. 대화를 나눌 때 바른 자세는 마치 상대방에게 "나는 당신의 모든 것에 집중하고 있어요"

라고 말하는 것과 같다. 상대방과 좋은 대화를 나누고자 한다면 일단 자세를 바르게 하자. 내 몸을 상대방을 향하게 가지런히 놓고 몸을 곧게 세우는 것만으로도 대화는 긍정적인 방향으로 흘러갈 것이다.

# 상대방을 완벽하게
## 설득하고 싶다면

아나운서는 방송 중에 자신이 전달하는 메시지에 신뢰감을 주기 위한 방법으로 포스처 파워를 적극 활용한다. 그들은 화면에 비친 자신의 자세를 보고 끊임없이 자세를 고쳐잡는다. 아나운서는 절대로 목을 움츠리거나 몸의 자세를 삐딱하게 하지 않는다. 목을 곧게 세우고 어깨를 좌우로 넓게 펼치며 최대한 가지런한 자세를 유지한다. 아나운서는 바른 자세를 통해 좋은 목소리와 발음을 유지하고, 시청자들에게 당당하고 자신감 있는 태도를 보인다.

내가 가진 정보를 상대방에게 잘 전달하고 그를 설득을 하려면 기본적으로 자세를 바르게 해야 한다. 바른 자세는 내가 전달하고자 하는 메시지를 상징적으로 드러내는 행위로서 내 메시지에 얼마나 자신이 있는지 그리고 그것이 충분히 설득력이 있는 것이라는 것을 나타낸다.

반면 자세가 구부정하면 내 메시지도 구부정해진다. 자신감이 없어 보이며 설득력이 없어 보인다. 당신이 전달하고자 하는 내용을 듣기도 전에 상대방은 당신의 자세를 보고 그 자세로부터 나오는 메시지를 먼저 읽는다.

## 자신감은 자세에 그대로 드러난다

한 대학 후배가 갑자기 나에게 연락을 했다. 오랫동안 연락이 없던 사람이 다시 연락이 오는 경우는 크게 두 가지다. 첫째는 결혼을 하거나, 둘째는 영업을 하기 위해서다. 나는 어느 정도 예상을 하고 인사차 찾아온다는 후배를 얼굴도 볼 겸 오라고 했다.

후배와 만나는 날 후배는 깔끔한 정장 차림을 하고 한쪽 손에는 서류 가방을 들고 나타났다. 일단 그 서류 가방에 청첩장이 있을 것 같지는 않았다. 후배와 점심식사를 하고 차를 마시며 이런저런 학교 때의 추억들을 소개로 대화를 나누었다. 그러다가 후배가 화제 전환을 하면서 조심스럽게 말을 꺼냈다.

"선배님 혹시 재무계획은 잘 세우고 계시나요? 요즘 재무설계가 참 중요해서요."

후배는 그러면서 조심스럽게 자신이 모 대기업 보험설계사로 일을 하고 있으며 좋은 보험 상품이 있는데 소개를 해주겠다고 했다. 나는 어느 정도 이 상황에 대해 예상을 하고 있었던 터라 충분히 보험 상품에 대하여 들을 용의가 있었다.

그런데 그 순간 나는 그 후배의 자세가 구부정해짐을 느꼈다. 어깨는 움츠러들었고 얼굴 표정은 자신감이 없어 보였다. 나에게 상품을 소개하는 이 상황에 대해 부끄러움을 느낀다는 것을 직감했다. 그 이후로 내 귀에는 후배가 설명하는 보험 상품에 대한 이야기가 전혀 들리지 않았다. 내가 느끼기로는 후배의 성격과 이 일이 맞지 않아 보였다. 후배는 내향적이고 자기의 마음을 잘 감추지 못하는 스타일인데 외향적이어야 하는 이 직업

특성과는 잘 맞지 않아 보였다. 나는 후배에게 이 일이 적성에 잘 맞는지 힘든 일은 없는지 물었다. 그러자 후배는 솔직하게 마음을 털어놓았다.

> "이 일에 뛰어들긴 했는데 쉽지는 않네요. 사람 만나는 게 익숙하지 않습니다."

후배는 나와 조금 더 이야기를 나누고 자리에서 일어났다.

3년 뒤, 그 후배에게 다시 연락이 왔다. 나는 예전처럼 마음의 준비를 했다. 그러자 그 후배는 대뜸 나에게 좋은 소식을 알려주었다. 얼마 전 소방공무원 임용고시에 합격하여 소방관이 되었다는 것이다. 물론 월급은 보험설계사 때보다는 적지만 적성이랑 잘 맞아 잘 지내고 있다고 했다. 다시 후배를 만났을 때 그의 자세는 더 이상 구부정하지 않았다. 그의 자세는 당당했으며 자신감이 넘쳤다.

바른 자세는 자신감이자 신뢰다. 당당하고 곧게 세워진 자세는 상대방에게 믿음을 준다. 상대방을 말로써 설득하기 전에 바른 자세로 신뢰를 주어야 한다.

# 자세의 힘은
# 목소리로도 전달된다

어떤 사람을 처음 만났는데 목소리가 좋으면 왠지 신뢰감이 든다. 그리고 나도 모르게 그 사람의 목소리에 매력을 느낀다. 바른 자세는 외모뿐 아니라 목소리에도 영향을 미친다. 그리고 바른 자세로 변화된 목소리는 당신이 전달하는 메시지에 신뢰감을 준다.

구부정한 자세를 취하고 "안녕하세요. 좋은 아침입니다"라고 말해보자. 그다음엔 바른 자세를 하고 나서 말해보자. 차이가 느껴지는가? 바른 자세에서 목소리의 깊이가 더 깊고 울림이 있다는 것을 느낄 것이다. 이 차이는 어디서 온 것일까?

목 앞에 가운데를 만져보면 툭 튀어나온 뼈가 하나가 있다. 흔히 '아담의 사과Adam's Apple'라고 불리는 부위로 '후두Larinx'이다. 후두 안에는 발성을 하는 데 가장 중요한 성대가 들어 있다. 호흡을 통해 빠져나온 소리가 성대를 울리면서 소리를 내는데, 이 후두의 위치는 음색을 결정하는 데 매우 중요한 역할을 한다.

후두는 혀의 뿌리 부분과 연결되어 있다. 만약 후두가 위로 올라가 있으면 혀도 위로 올라가게 된다. 이것은 입 안의 공간을 좁게 만들어 좁은 음색의 원인이 된다. 좁은 음색이라고 하면 흔히 앵앵거리는 소리다. 반면 후두가 아래로 내려가면 혀도 내려가게 되며 입 안의 공간을 크게 만든다. 더 깊고 울림이 있는 음색을 낼 수 있다.

게다가 후두의 위치에 따른 혀의 위치는 모음 발음에도 영향을 미친다. 모음 발음의 차이는 혀의 위치에 따라 달라지는데 '오'와 '우'의 발음은 혀를 깊게 집어넣어서 발음한다. 후두의 위치가 높아져 혀의 위치가 올라가 있으면 상대적으로 '오', '우' 발음이 잘 나오지 않게 된다.


자세는 후두의 위치에 영향을 미친다. 후두뼈를 손으로 만지면서 거북목 자세와 같이 목을 앞으로 내밀어보자. 그런 다음 다시 가슴을 펴고 머리를 뒤로 당겨보자. 이 과정에서 후두뼈의 움직임을 느껴보자. 후두뼈가 상대적으로 가슴뼈와 가까워지면서 아래로 내려가는 것이 느껴질 것이다.

바른 자세는 후두의 위치를 끌어내림으로써 입 안의 공간을 확보하고 좋은 발성을 할 수 있도록 만든다. 구부정한 자세에서 내는 목소리와 바른 자세에서 내는 목소리는 깊이와 음색에 있어 차이가 날 수밖에 없다.

이 밖에도 바른 자세로 횡격막과 흉곽의 기능이 좋아지면서 생기는 호흡량의 차이, 바른 자세로 복근을 사용하면서 얻어지는 복식호흡 등 호흡의 질과 양이 우수해지면서 좋은 목소리를 낼 수 있도록 돕는다.

그래서 목소리를 중요하게 여기는 베테랑 라디오 진행자들은 주로 대본을 세워서 최대한 목을 세운 자세로 라디오 진행을 한다. 다양한 캐릭터의 목소리를 내는 성우들 역시 일반적인 내레이션은 좋은 목소리를 위해 대본을 세워서 읽는다. 물론 영화나 만화의 더빙을 할 때 해당 배역의 감정을 표현하기 위해 다양한 자세를 취하면서 목소리를 낸다.

뛰어난 음색을 중요하게 여기는 성악가들은 포스처 파워를 이용하여 아름다운 목소리를 만든다. 그들은 자신의 몸을 악기로 간주하여 연주를 하는데 더 좋은 목소리로 연주하기 위해 악기에 해당되는 몸을 최대한 바른 자세로 만들고 호흡량을 늘린다. 이런 성악가들의 바른 자세는 공명을 증가시켜 마이크 없이도 넓은 홀을 가득 채울 수 있는 연주를 가능하게 한다.

메라비언의 법칙에 의하면 상대방과 대면하지 않고 전화 통화를 하는 경우 소통에 있어 목소리가 차지하는 비중이 82퍼센트나 된다. 아직 얼굴을 보지 못한 새로운 비즈니스 파트너와의 전화통화를 생각해보자. 당신은 그에게 처음 전화를 걸어 미팅 장소와 시간을 확인할 것이다. 이때 당신의 첫인상은 목소리로부터 비롯된다. 목소리에 실리는 음색과 느낌에 따라 비즈니스 파트너는 당신의 이미지를 상상한다. 전화로 상담을 할 때는 어떠한가. 당신이 이야기하고자 하는 바를 신뢰감 있게 설명하는 데 좋은 목소리는 필수다.

전화가 아닌 일반적인 대화를 나눌 때도 마찬가지다. 좋은 음색의 울림 있는 목소리는 상대방이 대화에 집중하도록 하는 데 도움이 된다. 여러 명이 함께 대화를 나눌 때 좋은 자세와 목소리로 이야기를 하면 당장 나를 보고 있지 않던 사람도 나를 주목한다.

# 07

# 강한 사람 앞에서
# 더 효과적인 포스처 파워

자세는 상대방에게 내가 가진 힘을 드러내는 행위다. 몸을 확장하여 자세를 크게 취하면 상대방은 무의식적으로 내가 큰 힘을 가졌다고 판단한다. 반면 자세를 구부정하게 하고 움츠리는 자세를 취하면 상대방은 무의식적으로 내가 힘이 약하다고 판단한다.

자세에 따른 힘의 차이는 동물의 세계에서도 자주 관찰된다. 공작새가 짝짓기를 성공하기 위해 날개를 크게 펼치는 행위, 고릴라가 힘을 과시하기 위해 가슴을 펴고 두드리는 행위가 대표적인 예다.

사람도 예외는 아니다. 간혹 사람들이 싸울 때 배를 내밀고 웃옷을 벗으며 고개를 드는 모습을 볼 수 있다. 나를 크게 보이게 만듦으로써 상대방에게 힘을 과시하는 것이다. 일반적으로 원더우먼처럼 손을 허리에 놓고 가슴을 크게 펴는 자세, 팔을 좌우로 벌려 만세를 하는 자세, 머리 뒤에 손깍지를 끼고 의자 뒤로 넓게 기대는 자세, 팔을 좌우로 벌린 '쩍벌다리' 자세 등은 상대방에게 힘을 과시하는 자세다. 반대로 고개를 숙이고 몸을 움츠린 자세, 다리를 자신 없이 꼬고 팔짱을 긴 자세, 로댕의 생각하는 사람 자세, 손을 다리 사이로 모으고 있는 자세는 상대방에게 약함을 보이는 자세다.

그런데 일상에서 이렇게 큰 자세를 하여 힘을 과시하면 상대방의 기분을 나쁘게 할 수 있다. 내 힘을 너무 드러내어 상대방에게 위협감을 주기 때문이다. 반대로 너무 작은 자세를 취하면 상대방이 나를 무시할 수 있다. 이 자세는 상대방으로 하여금 내가 약한 존재로 여기게끔 만들기 때문이다.


바른 자세는 큰 자세도 아니고 작은 자세도 아니다. 상대방의 기분을 나쁘지 않게 하는 범위 내에서 내 힘을 드러내는 최적의 자세다. 특히 나보다 강한 사람 앞에서 바른 자세를 취하면 일종의 방어 모드처럼 내가 그리 만만한 상대가 아님을 드러낸다.

대개 나보다 강한 사람을 만나면 주눅이 들게 마련이다. 마음이 약해지면서 긴장도 되고 나도 모르게 몸이 움츠러든다. 그러면 상대방은 그런 내 모습을 보고 자신이 우위에 있음을 확신한다. 그런 상황이 되면 주도권은 강한 사람 쪽으로 넘어간다. 나는 점점 더 긴장되고 마음이 위축된다. 상대방은 더 자신감이 생기고 여유가 넘쳐난다.

그러나 이때 자세를 고쳐잡고 바른 자세를 만들면 상황이 변한다. 마음과는 다르게 일부러 배에 힘을 주고 가볍게 몸을 세우고 어깨에 힘을 뺀다. 그런 상태에서 최대한 여유를 가진다. 이렇게 하면 상대방은 자신이 강함을 알면서도 선뜻 나를 무시하지 못한다. 바른 자세를 하는 내 모습을 보고 무의식적으로 '얘 뭐지?' '나도 모르는 뭘 가지고 있나?' '무슨 자신감이지?' 하는 생각을 하게 된다. 포스처 파워를 느끼는 것이다. 어떤 특별한 전략도 말 기술도 필요하지 않다. 그저 자세만 바르게 취하고 있으면 된다. 자세만 바르게 해도 강한 사람 앞에서 나를 효과적으로 보호할 수 있다.

최근 학교 폭력이나 왕따 문제가 큰 사회적 문제로 발생하고

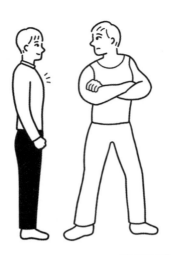

**그림 19** 바른 자세는 최고의 자기 보호 전략이기도 하다.

있다. 나는 이를 해결하는 데 바른 자세 교육이 중요함을 강조
한다. 그저 아이들이 자세를 바르게 하고 생활하는 것만으로도
폭력이나 왕따 문제를 예방할 수 있다. 육식동물은 먹잇감을 고
를 때 무리에서 가장 약해 보이고 아파 보이는 개체를 공격한
다. 반면 강해 보이고 힘이 세어 보이는 개체는 공격하지 않는
다. 힘이 센 아이들은 자세를 바르게 하는 아이들을 선뜻 괴롭
히지 않는다. 목을 세우고 가슴을 펴고 걷는 아이들에게 시비를
걸지 않는다. 자세를 통해 힘센 아이들에게 숨겨진 메시지가 전

달되기 때문이다.

　중요한 거래처 직원과 만날 때, 나보다 지위가 높은 사람을 만날 때, 나와 관련된 계약 권한을 쥐고 있는 사람을 만날 때도 마찬가지다. 나보다 강한 사람 앞에서 포스처 파워를 이용해보자. 그들이 강함에도 불구하고 상황의 주도권이 그들이 아니라 오히려 나에게 있다는 것을 느끼게 될 것이다.

# 08

# 집에서도 가족과 함께
바른 자세를

'집에서' '가족과 함께' 바른 자세를 취하는 것은 포스처 파워를 다른 사람들과의 관계에 적용함에 있어 내가 가장 강조하는 방법이다. 나와 가장 가까운 가족 앞에서 자세를 바르게 하면 일단 나 스스로 가족을 존중한다는 마음가짐을 갖게 되면서 여러 가지 측면에서 긍정적인 효과를 준다.

나는 아내와 식사 후 커피를 한 잔 내려 마시곤 한다. 이때 아내 앞에서 자세를 바르게 하고 있으면 내 마음속에 스스로 아내를 배려하고 존중하고 있다는 느낌이 든다. 그리고 그런 마음가짐에 따라 말투, 억양, 목소리가 달라지는 것을 경험한다. 그리고 아내 역시 내 자세를 보고 자신도 무심코 따라서 자세를 바르게 한다. 나 역시 그런 아내의 모습을 보고 아내가 나를 존중한다는 느낌을 받는다. 이런 경험들을 바탕으로 아내와의 대화는 좀 더 긍정적으로 이루어지게 되며 서로에 대한 신뢰가 높아지는 것을 느끼게 된다.

아이들 앞에서도 마찬가지다. 아이들과 블록 놀이를 할 때 내자세에 따라 아이들과 함께 노는 시간이 능동적인 상황인지 수동적인 상황인지 달라진다. 내가 갑자기 자세를 고쳐잡고 몸을 곧게 세우면 그 잠깐의 순간에 아이들과 함께 하는 시간이 더소중하게 느껴진다. 그리고 아이들과 노는 그 시간이 긍정적이고 능동적인 경험으로 받아들여진다.

간혹 자세를 바르게 하는 것을 신경 쓰지 못하여 자세를 구부정하게 하고 있으면 마치 억지로 아이들과 놀아주고 있는 듯 느낌을 받는다. 부정적이고 수동적으로 아이들과 놀고 있다는 생각이 들기도 한다.

또한 아이들도 내 자세를 보고 자신의 자세를 고쳐잡기도 한다. 내가 갑자기 구부정한 자세에서 몸을 곧게 세우면 아이들도 놀다가도 잠깐이나마 허리를 세우고 어깨를 편다. 간혹 아이들이 놀이에 집중하느라 지나치게 한 자세를 오래 유지하고 있으면 내가 아이들에게 자세를 바르게 하도록 유도한다.

나는 아이들과 함께 바른 자세를 상징하는 한 가지 단어나 말을 약속한다. 예를 들어 내 아이들과는 '키 크게~'를 약속된 말로 했는데 이 말을 외치면 아이들은 어느 순간에서도 자세를 바르게 한다. 블록 놀이에 집중하는 동안에도 '키 크게~'를 외치면 몸을 곧게 세우고, 작은 방에서 노는 아이들에게 거실에서 '키 크게~'라고 하면 아이들은 역시 몸을 쭉 편다.

다만 바른 자세와 '키 크게~'라는 약속된 단어 그리고 그것을 외치는 상황이 아이들에게는 좋은 경험이어야 한다. 잔소리처럼 하지 말아야 하고 권유하듯이 해야 하고, 아이들이 자세를 잘 바꾸었다면 반드시 잘했다는 칭찬을 해주어야 한다. 이런 즐거운 경험이 바른 자세와 연결되고 그 경험이 많이 쌓이면 쌓일수록 아이들은 자세를 바르게 하는 행위만으로도 긍정적인 마음가짐을 갖게 된다.

가족과 함께하는 바른 자세는 나와 가족 모두에게 긍정적인 경험을 준다. 다른 사람 앞에서 바른 자세를 취하기 전에 가족들 앞에서 먼저 바른 자세를 취해보자. 그리고 가족들에게 외쳐보자. "키 크~게!"

# 6장

# 포스처 파워 5
## 바른 자세로
## 조직을 리드한다

**Posture
Power!**

절대 고개를 떨구지 마라.

고개를 치켜들고 세상을 똑바로 바라보라.

**헬렌 켈러, 사회사업가** 99

POSTURE
POWER

# 바른 자세가
# 곧 힘이다

어떤 음식점에 가면 사장님이 종업원처럼 느껴지는 곳이 있다. 그리고 반대로 종업원이 사장님처럼 느껴지는 곳이 있다. 그래서 그런 곳에 가면 종업원이 사장님보다 더 힘이 있어 보이거나 권한을 많이 가지고 있는 것처럼 보여서 음식 주문을 사장님한테 시키는 경우도 있다.

2011년 노스웨스턴대학교 경영대학원에서는 흥미로운 실험을 진행했다. 사람이 권한이나 상황을 조정할 수 있는 권한과 같은 강한 힘을 느끼는 데 자세가 영향을 미치는지, 아니면 실제 맡은 역할이 영향을 미치는지 알아보는 실험이었다. 한마디로 사장 같은 자세를 취하는 직원이 더 많은 권한을 가지고 있다고 여기는지 아니면 구부정한 자세를 취해도 진짜 사장이어야 권한을 가지고 있다고 여기는지 알아보는 것이었다.

실험은 간단했다. 두 개의 의자를 준비한 뒤 각각의 실험자들을 무작위로 자리에 앉게 했다. 두 사람에겐 함께 퍼즐을 맞추는 미션이 주어졌는데 각각 다른 역할이 부여되었다. 한 사람은 매니저로서 퍼즐 조각 맞추는 것을 지시를 내리고 명령을 내리는 역할이었고, 다른 한 사람은 보조자로서 매니저가 시키는 대로 수동적으로 퍼즐 조각을 옮기는 역할이었다. 그런 다음 각각 다른 자세를 취해서 앉도록 했다.

매니저는 큰 자세를 취하도록 했다. 의자에 몸을 기대고 한쪽 다리를 4자 형태로 꼬도록 한 뒤 한쪽 팔은 팔걸이에 나머지 한쪽 팔은 옆에 있는 의자 뒤에 걸치도록 했다. 나머지 한 사람은 작은 자세를 취하도록 했다. 두 발을 가지런히 모으고 어깨와 등을 움츠린 뒤 양손을 허벅지 위에 올리도록 했다. 그다음엔 매니저와 보조자가 서로 자세만 바꾸어 취하도록 한 뒤 다시 퍼즐 조작을 맞추는 일을 진행했다.

결과는 놀랍게도 실험자들이 느끼는 힘과 관련하여 실제 맡은 역할보다 현재 취하고 있는 자세가 더 큰 영향을 미치는 것으

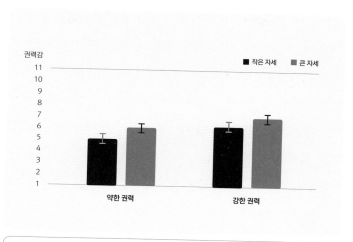

권력감

■ 작은 자세 ■ 큰 자세

약한 권력　　　　강한 권력

**그림 20** 자세가 바를수록 강한 권력을 지니고 있다고 느낀다.

로 나타났다.[17] 한 실험자가 매니저 역할을 맡았다 하더라도 작은 자세, 즉 자세를 구부정하게 취하고 있으면 적은 권한과 힘을 느꼈고, 반대로 보조자 역할을 했다 하더라도 큰 자세를 취하고 있으면 큰 권한과 힘을 느꼈다. 이 연구결과는 내가 실제 가지고 있는 역할이 무엇인가보다 자세를 어떻게 취하는가가 스스로 권한과 힘이 있다고 느끼게 만드는 데 더 중요함을 나타낸다.

　이처럼 자세는 권한과 밀접한 관련이 있다. 우리 생활 속에서도 자세를 통해 자신의 권한을 드러내는 직업들을 자주 볼 수 있다. 경호원은 주변 경계 시 몸을 곧게 세우고 가슴을 펴는 자세를 취한다. 이 자세는 주변을 경계하는 데 유리하며 자신의 존재를 테러범들에게 알림으로써 범죄를 예방한다. 특히 그들의 눈을 자세히 관찰하면 강하게 힘이 들어가 있는 것을 확인할 수 있는데 이것은 테러에 대한 위험을 빠르게 살피기 위해 시각정보에 집중하기 때문이다.

군인은 역시 바른 자세를 이용해 힘을 드러낸다. 그들 역시 몸을 꼿꼿하게 세우고 어깨를 편 자세를 취한다. 자세가 지나치게 꼿꼿한 자세를 가리켜 '군대식 자세'라는 용어가 있을 정도로 군대에서는 바른 자세를 강조한다(물론 이렇게 경직된 자세는 건강에 좋지 않다). 이것은 군인으로서 기강과 질서를 나타냄과 동시에 적에게 강한 힘을 드러내기 위함이다.

경찰 역시 포스처 파워로 권한을 강하게 드러내는 직업 중 하나다. 내가 잘못한 일이 없는데도 경찰이 옆을 지나가면 유독 가슴과 어깨가 펴져 있는 것처럼 보이는 것은 우연이 아니다. 그들은 사회 질서 유지와 치안에 대한 권한을 가지고 있으며 그것을 가슴을 편 자세로 드러낸다.

그런데 흥미롭게도 사복을 입은 경찰들은 포스처 파워를 사용하지 않을 때가 많다. 사복경찰은 업무 특성상 자신의 힘을 드러내기보다는 감춰야 하는 경향이 있기 때문이다. 간혹 영화에서 나오는 일부 사복경찰 배역의 자세가 꼿꼿할 때가 있는데 그건 영화에서 그 배역이 중요한 역할을 한다는 점을 강조하기 위해서다.

그런데 이렇게 실제로 강한 권한이 있는 직업이 아니더라도 훨씬 작은 범위에서 권한을 가지고 있는 직업을 가진 사람들도 곧은 자세를 취하는 것을 쉽게 관찰할 수 있다. 주차관리요원, 행사안전관리요원, 동물원 사육사 등이 그 예다. 그들은 일을 할 때 몸을 세우려고 노력한다. 자신이 다른 사람들에게 관리자로서의 권한을 가지고 있음을 드러내기 위함이다.내가 가진 권한이 크던 작던 일단 자세를 곧게 세우고 가슴을 펴자. 바른 자세는 스스로 많은 권한을 가지고 있다고 느끼게 하며, 다른 사람으로 하여금 그 힘을 느끼게 한다.

# 02

## 3초 만에
## VIP가 된다

리더는 특별하다. 조직을 이끄는 사람으로서 다른 구성원들과는 다른 존재이어야 한다. 조직 안에서 밖에서 리더는 상징적인 인물이다. 그러므로 자세를 통해 내가 중요한 사람임을 드러내는 것이 필요하다. 바른 자세는 언제 어디서든 내가 중요한 사람임을 드러내는 아주 효과적인 방법이다.

자세를 바르게 하면 언제 어디서든 당신을 3초 만에 VIP<sup>Very Important Person</sup>로 만들 수 있다. 바른 자세와 리더십에 대한 다음의 글을 읽어보자.

**바른 자세**는 당신을 보다 중요한 사람으로 보이게 만듭니다.

당신이 보다 자신감 있어 보이도록 만들고

다른 사람들에게 당신을 리더처럼 보이게 만듭니다.

더욱이 **바른 자세**를 했을 때 다른 사람뿐 아니라

자세를 취한 당사자 마음속에도

스스로 많은 권한을 가진 중요한 사람으로

인식하는 경향이 있다고 합니다.

이 글에서 **바른 자세** 글씨가 눈에 띄고 중요한 부분이라 느껴졌다면 생활 속 **바른 자세**는 이와 같은 효과를 줍니다.


위 글을 읽다 보면 진하고 굵게 쓰인 '바른 자세' 글씨가 유독 눈에 띈다. 글에서 진하고 굵게 쓰인 부분은 중요한 부분이라는 것을 강조하는 의미를 가지고 있기 때문이다. 바른 자세는 이렇게 굵게 쓰인 글씨와 마찬가지다. 바른 자세를 취하면 단 3초 만에 군중들 속에서 당신이 진하고 굵게 쓰인 글씨처럼 '중요한 사람'으로 만든다.


나는 이것을 생활 속에서 종종 체험한다. 예를 들면 식당에서 계산할 때 두 가지 자세로 계산을 한다. 한 번은 구부정한 자세

로, 한 번은 바른 자세로. 그러면 점원 서비스의 차이가 확연하게 느껴진다. 구부정한 자세를 했을 땐 형식적인 계산과정만 이루어진다. 점원이 말을 할 때도 나를 쳐다보지 않는다. 그저 신용카드와 영수증을 주고받을 뿐이다. 물론 이런 태도는 나에게만 취하는 것은 아니다. 다른 손님들에게도 같은 태도를 취한다. 즉, 나를 '많은 손님들' 중 그저 한 사람으로 여기는 것이다.

그러나 바른 자세로 계산하면 양상은 달라진다. 계산하는 과정에서 "식사 맛있게 하셨나요?"라는 이야기를 듣는다. 그리고 미묘한 차이지만 점원은 구부정한 자세를 했을 때 나에게 더 부드럽고 친절한 태도를 취한다. 약간의 미소와 눈 마주침 등을 통해 느낄 수 있다. 그리고 이런 태도는 분명 다른 손님들에게 대하는 그것과는 다른 느낌이 든다. 혼자만의 착각일 수 있지 않느냐라는 반문을 할 수도 있다. 그러나 이 경험은 여러 식당이나 의류 매장에서 자주 경험하곤 한다.

어떻게 이런 일이 가능한 것일까? 우리는 평소 성공한 사업가, 운동선수, 정치인, 존경받는 종교인이 구부정한 자세보다는 바른 자세를 한 모습을 많이 본다.

예를 들어 피겨 스케이팅 김연아 선수를 떠올려보자. 어떤 자세가 떠오르는가? 당당하게 몸을 곧게 세우고 가슴을 편 자세가 떠오르지 않는가? 스티브 잡스의 프레젠테이션을 상상해보자. 잡스의 자세가 구부정하다고 생각되는가? 당신이 좋아하는 어떤 성공한 배우를 상상해보자. 영화제 레드카펫에 멋진 드레스를 입고 우아하고 당당하게 걷는 모습이 떠오르지 않는가? 위인전 속에 나오는 위인들의 자세는? 대중에게 존경받는 정치인들이 연설할 때 자세는?

이런 간접적인 경험들은 반대로 자세가 바르면 성공한 사람이라는 연상을 하게 만든다. 바른 자세를 하고 있는 사람을 보면서 당당하고, 매력적이며, 자신감 넘치고, 긍정적이고, 힘을 가지고 있다는 느낌을 받게 되는데, 그리고 그 느낌의 복합체로 자신이 경험했던 중요한 사람을 연상한다. 이런 이유로 상대방은 바른 자세를 취하는 당신을 무의식적으로 중요한 사람으로 여기게 된다. 바른 자세만 취해도 여러 손님 중 하나가 아닌 그들과는 다른 특별한 사람이 된다. 이렇게 자세를 바르게 하면 당신은 상대방에게 더 존중받을 수 있으며 더 특별한 사람이 될 수 있다.

흥미로운 것은 내가 현재 처한 현실과 실제 가지고 있는 것들과는 무관하게 그저 자세만 바르게 해도 많은 사람들은 당신을 중요한 사람으로 여긴다는 점이다. 당장 지갑이 얇아도 상대방과 협상할 때 가지고 있어야 할 마땅한 협상카드가 없어도 바른 자세 하나만으로도 당신은 그것을 가지고 있는 사람처럼 보이게 만든다.

자세를 구부정하게 하고 서비스를 받을 때와 자세를 바르게 하고 서비스를 받을 때의 차이를 직접 경험해보자. 식당뿐 아니라 의류매장, 커피숍, 발렛 주차, 미용실, 빵집 등 사람과의 거래가 이루어지는 모든 과정에서 경험할 수 있다.

더 나아가 새로운 사람들과 다양한 관계를 맺는 비즈니스에서 이 차이를 경험해보자. 새로운 비즈니스 파트너는 바른 자세를 취하고 있는 당신을 보고 당신이 어떤 직책을 가지고 있는지에 상관없이 중요한 사람이라고 간주할 것이다.

# 03

## 청중을 주목시키는
## 자세의 힘

리더는 사람들 앞에서 스피치를 해야 할 때가 많다. 조직 내뿐 아니라 조직 밖에서도 많은 대외 관계를 유지해야 하기 때문에 기본적인 스피치 역량은 리더에게 필수다. 스피치에 있어 바른 자세는 여러 사람을 주목시키고 전달하고자 하는 메시지에 힘을 실어주는 데 중요한 역할을 한다.

누구나 그렇겠지만 리더라 하더라도 여러 사람 앞에서 서면 초조한 마음이 생기고 긴장이 된다. 특히 모르는 사람들이라면 더더욱 그렇다. 이때 청중은 당신이 어떤 메시지를 던지기 이 전에 당신의 자세를 먼저 본다. 당신이 어떤 사람인지 탐색하는 것이다. 청중은 당신의 자세에서 나오는 무언의 메시지를 먼저 읽는다.

이때 긴장된 마음으로 나도 모르게 구부정하고 움츠린 자세를 취하고 있다면 청중은 당신이 긴장하고 불편해하고 있다는 것을 알아차린다. 그리고 이런 자세는 매력적이지 않을뿐더러 상대적으로 당신이 중요한 사람이 아니라는 인식을 하도록 만든다. 그리고 무의식적으로 중요하지 않은 당신의 이야기에 주목하지 않아도 된다고 생각한다. 당신은 메시지를 많은 사람에게 효과적으로 전달해야 하는데 이야기를 시작하기도 전에 청중은 당신에게서 마음이 떠나게 된다.

그러나 자세를 곧게 세우고 가슴을 펴고 있으면 청중은 당신의 자세로부터 나오는 힘을 느끼게 된다. 당신의 마음이 지금 당당한 상태이며 자신감이 넘친다는 것을 알아챈다. 곧은 자세를 통해 당신의 매력도가 높아질뿐더러 당신이 좋은 태도를 가진 사람으로 보이기 때문에 사람들의 호감을 사게 된다. 바른 자세로 주목을 이끌어냈다면 자신 있는 목소리로 청중에게 인사를 하면 된다.

"안녕하세요. ○○○입니다. 이 자리에 참석해주신 모든 분께 감사드립니다."

곧은 자세로부터 나오는 신뢰 있는 태도와 목소리는 아직 당신을 보지 못한 나머지 사람들의 주의를 환기시킨다. 이쯤 되면 휴대폰을 보던 사람들, 다른 사람과 대화를 나누던 사람들도 곧은 자세로 앞에 서서 인사를 하는 당신을 쳐다보지 않을 수 없게 된다.

이렇게 처음으로 청중과 마주하는 상황을 잘 넘기면 주도권이 생기기 시작한다. 그리고 긴장되던 마음이 약간 누그러지고 자신감이 생긴다. 그때부터는 당신이 준비한 것들을 마음껏 펼쳐놓으면 된다. 스피치의 여러 가지 스킬들, 예를 들면 제스처, 움직임, 억양 등은 일단 다음 문제다. 우선 자세를 바르게 해서 이목을 집중시키고 당신의 첫인상을 강하게 어필하는 것이 중요하다.

또한 스피치 처음뿐 아니라 중간에도 바른 자세로 중심을 잘 잡아야 한다. 말을 하면서 여러 제스처를 취하고 움직이더라도 항상 자세는 곧고 바르게 유지해야 청중이 안정감을 느낀다.

간혹 스피치 시간 중 내가 상황을 주도하고 있다는 느낌이 너무 강해지면 거만한 마음가짐이 생기면서 자칫 무례한 자세들이 나올 수 있다. 가끔 유명한 사업가나 강사들을 보면 스피치를 하던 중에 이런 실수를 저지르는 것을 보게 된다. 처음에는 정중한 태도로 강의에 임하다가도 시간이 지나면서 자신도 모르게 주머니에 손을 넣거나 탁자에 기대거나 의자 한쪽에 기댄 자세로 이야기를 한다. 스피치를 하면서 무의식적으로 자신이 이 상황을 주도하고 있고 내가 강한 사람이라는 것을 자세로 드러내는 것이다. 그러나 사람들은 말을 하지 않아도 그 자세로부터 나오는 메시지를 다 읽고 느끼고 있다는 점을 알아야 한다.

스피치 할 때 청중은 말하는 사람의 이야기만 듣는 것이 아니다. 그의 자세와 행동을 읽는다. 그리고 그런 자세로부터 나오는 메시지는 실제 당신의 입을 통해 나오는 메시지 이상으로 청중에게 강하게 전달된다. 스피치 '처음-중간-끝'까지 자세를 바르게 유지하자. 바른 자세는 청중을 주목시키고 스피치 태도를 좋게 보이도록 하며 당신이 전달하는 메시지에 강한 신뢰와 힘을 실어줄 것이다.

04 POSTURE
POWER

# 리더의 자세는
## 조직을 대표한다

2018년 4월 27일, 남북정상회담. 이 회담은 한반
도 평화를 위해 남과 북에서 가장 영향력이 큰 두 정상이 만나
는 자리였다. 온 국민과 전 세계인들이 TV 생중계를 통해 숨을
고르고 지켜보고 있던 순간. 문재인 대통령과 김정은 국방위원
장은 판문점 군사분계선에서 처음으로 만났다. 두 정상은 서로
를 반갑게 맞으며 인사를 했다. 밝은 표정으로 서로의 눈을 마
주치고 악수를 하며 예의를 갖추었다. 이 모습이 TV를 통해 방
송되자 많은 사람들이 환호성과 함께 박수를 보냈다. 회담을 시
작하지는 않았지만 두 정상의 만남은 회담이 잘 이루어질 것이

라는 기대감을 불러일으켰다.

이 역사적인 첫 만남에서 두 정상이 취한 자세는 곧고 당당했다. 가슴을 펴고 몸을 세운 자세를 유지했다. 어느 한 사람이 상대방을 향해 허리를 굽히거나 목을 숙이지 않았다. 두 정상의 곧은 자세는 서로가 동등한 국가 수장으로서 인정함과 동시에 힘의 관계가 대등하다는 것을 나타낸다. 그리고 국가 수장으로서 국민의 자존심을 지킨다는 의미가 있다.

**그림 21** 남북 정상이 만나는 순간

이때 만약 두 정상 중 한 사람이 먼저 몸을 구부리거나 숙인 자세를 취했다면 어떠했을까? 아마도 국민에게 굴욕외교라는 비판을 면치 못했을 것이다.

리더의 자세는 단순히 개인의 자세가 아니다. 리더의 자세는 곧 조직의 힘이며 자존심이다. 내가 이끄는 사람이 많을수록, 가진 권한이 클수록, 영향력이 강할수록 리더에게 바른 자세는 필수다.

리더의 자세가 어떠한가에 따라 조직의 힘과 태도가 어떠한지를 나타내며 이것은 때론 중요한 협상이나 회의의 내용과 무관하게 조직 구성원들에게 많은 영향을 미친다. 리더는 매사에 자세를 중요하게 여기고 그것을 신중하게 취해야 한다. 조직 구성원들은 리더의 자세를 통해 그 안에 숨겨진 메시지와 느낌을 공유한다는 것을 잊지 말아야 한다.

POSTURE
POWER

# 약한 자세로
# 몸을 낮춰야 할 때도 있다

최근 스탠딩 데스크를 도입하는 회사가 많아졌다. 내가 자세 컨설팅 서비스를 하던 한 회사에서도 스탠딩 데스크를 구매하여 허리가 아픈 직원들에게 제공해주었다. 참고로 회사에서 제공한 제품은 평소에는 앉아서 쓰다가 일어서서 사용할 때는 양쪽 버튼을 누르고 책상을 올려서 쓰는 형식의 제품이었다.

스탠딩 데스크 도입은 직원들의 건강을 배려한 회사의 조치였는데 예상치 못한 부분에서 문제가 발생했다. 한 직원이 스탠딩 데스크를 사용하기 위해 책상을 높이고 일어나자 다른 직원들이 그 직원을 쳐다보는 것이었다. 그리고 그 시선이 부끄러워 그 직원은 어색한 표정을 지었다. 더욱이 스탠딩 데스크를 사용하는 직원의 자리는 사무실 한가운데였다. 그가 업무 중간중간 일어날 때마다 다른 직원들이 쳐다보는 일이 반복되었고 그 직원은 나에게 다음과 같이 고충을 털어놓았다.

> "허리가 아파서 스탠딩 데스크를 요청해서 회사에서 비싼 돈을 주고 샀습니다. 그런데 막상 받고 나서 쓰다 보니 너무 부끄러운 거예요. 제가 데스크를 올리고 일어날 때마다 직원들이 쳐다보거나 신경이 쓰이더군요. 내 허리가 아프다는 것을 광고하는 것 같기도 하고 이목이 집중되는 상황에 손발이 오글거릴 때가 많습니다. 회사에서 마련해준 것을 안 쓸 수도 없고 골치가 아프네요."

무엇이 잘못된 것일까?

인류 역사상 '높임'과 '세움'은 부과 권력을 상징한다. 피라미드, 고딕 양식의 교회 건물, 마천루, 고층 아파트 등이 그 예다. 더 높은 곳에 위치하면 자연스럽게 다른 사람들을 내려다보게 되는데 그 사이에 놓인 공간을 마치 자신이 소유하고 있다는 느낌을 받는다. 그래서 부와 권력을 가진 사람일수록 다른 사람들보다 더 높은 곳에 위치하려고 한다.

높은 곳에 살거나 일을 함으로써 자신이 그만한 지위와 힘을 가지고 있다는 것을 드러낸다. 그리고 반대로 나보다 높은 곳에 있는 사람을 보면 무의식적으로 지위와 힘의 차이를 느끼게 된다. 나보다 높은 지위에 있거나 더 큰 힘을 가진 존재로 인식하게 된다.

건축물이나 지형을 이용한 것이 아닌 오직 몸을 통해 힘을 가장 잘 드러내는 행위는 '곧게 세우고 일어나는 자세'를 취하는 것이다. 이 자세는 키를 크게 하면서 내 눈을 상대적으로 가장 높은 위치에 놓이게 한다. '높임' '세움'을 자세로 표출하면서 자연스럽게 힘을 드러낸다. 앞에 앉아서 대화를 나누던 사람이 자리에서 일어나면 약간 긴장이 된다. 그가 상대적으로 나보다 높은 위치에 있기 때문에 나보다 강하다는 느낌을 받는 것이다.

회식 때 건배사를 하기 위해 한 사람이 자리에서 일어나면 상대적으로 그 사람은 앉아 있는 다른 사람에 비해 많은 권한을 가진 사람으로 여겨지게 되어 주목하게 된다. 물론 술자리가 길어지면 이 힘을 가진 사람들이 너무 많아져 너도나도 일어나서 건배사를 하거나 한마디씩 하는 일들이 벌어지기도 한다.

'카르페 디엠!'

영화 〈죽은 시인의 사회〉에 나오는 명장면처럼 자신의 주장을 말하기 위해 주먹을 불끈 쥐고 자리에서 일어나는 행동도 이와 마찬가지다. 몸을 세우고 일어나는 행위를 통해 자신의 뜻을 상대방에게 강하게 표현하는 것이다.

앞서 예를 들었던 회사의 스탠딩 데스크 도입 사례에서는 이것을 이해하지 못하여 발생한 해프닝이다. 스탠딩 데스크를 사용하는 직원은 본의 아니게 허리가 아플 때마다 일어서서 다른 직원들에게 '카르페 디엠!'을 외친 셈이다. 나는 스탠딩 데스크를 사용하는 직원들이 부담을 느끼지 않도록 그들의 자리를 벽쪽이나 사무실 바깥쪽에 배치해줄 것을 회사 측에 요청했다.

리더는 자세를 상황에 맞게 취하여 포스처 파워를 잘 조절해야 한다. 구성원들에게 강한 메시지를 전달해야 할 때, 팀원들의 행동을 변화시킬 필요가 있을 때, 위기 상황에서 리더십을 발휘해야 할 때 이럴 때는 바른 자세로부터 나오는 강한 포스처 파워가 필요하다.

그러나 리더가 아닌 다른 일반 직원을 주목시켜야 할 때, 팀원들과 소통하거나 호흡을 같이 해야 할 때와 같은 상황에서는 굳이 포스처 파워를 강하게 드러낼 필요는 없다. 그럴 때는 몸을 낮추고 약한 자세를 취하는 것도 하나의 요령이다.

## 06

POSTURE
POWER

# 직원의 포스처 파워가
# 곧 조직의 파워다

포스처 파워는 개인에게서 발휘되지만 조직에서도 발휘된다. 이럴 경우 포스처 파워는 구성원들의 '바른 자세 문화'로부터 나온다. 바른 자세 문화가 어떤가에 따라 조직의 포스처 파워가 강해질 수도 약해질 수도 있다.

바른 자세 문화는 구성원들이 바른 자세를 취하는 법을 인지하고 그 가치를 이해하며 바른 자세 습관을 서로 독려해주는 문화를 말한다. 바른 자세 문화를 통해 포스처 파워가 강해진 조직은 다음의 특징을 갖는다.

- 구성원 스스로 바른 자세를 통해 건강을 관리한다.

- 바른 자세를 이용하여 업무 효성을 높인다.

- 매사에 긍정적인 태도를 유지한다.

- 구성원 스스로 자신의 역량에 대한 자신감을 가진다.

- 구성원들 간에 좋은 관계를 유지하고 서로를 배려한다.

- 새로운 도전을 두려워하지 않고 실행하는 문화를 갖는다.


　조직의 포스처 파워를 강하게 만들려면 구성원들 각자 바른 자세 실천하고 그것을 서로 독려하는 문화를 만들어야 한다.

　나는 종종 기업을 찾아다니며 건강 상담을 위해 직원들의 자세를 분석한다. 흥미롭게도 기업에 따라 자세가 공통적으로 나타나고 직무에 따라 자세가 비슷하게 나타나는 것을 발견했다.

　예를 들어 사무직 남성 연구원들이 많은 곳은 직원들이 골반을 앞으로 내미는 자세를 많이 취했으며, 서서 일하는 서비스직 여성이 많은 곳은 직원들이 허리를 과하게 젖히고 등을 뒤로 구부린 자세를 많이 취했다. 나는 이것을 단순히 환경의 영향 때문이라고 여겼다. 그러나 환경만큼이나 사람들이 서로가 취하는 나쁜 자세 습관을 익숙하게 받아들이는 것이 더 큰 문제라는 것을 알게 되었다.

모 기업 생산직 여성 근로자들에게 바르게 물건 들기 교육을 실시할 때였다. 나는 근로자들에게 요통을 예방하기 위한 바른 자세로 물건을 드는 자세, 우리가 흔히 스쿼트 자세라고 하는 동작을 보여주었다. 한 동작을 끝내기가 무섭게 여성 직원들이 다 같이 박장대소를 터뜨렸다. 이유를 묻자 내가 엉덩이를 내밀고 물건을 드는 모습이 웃겨 보인다는 것이다. 그래서 어떻게 물건을 드는 자세를 취하는지 물어보았더니 그냥 어깨에 힘을 주고 허리를 숙이고 드는 자세를 취했다. 직원들은 그 자세를 보고 웃지 않았다. 나는 계속해서 근로자들에게 바른 자세로 물건 드는 것이 요통을 예방하기 위해 중요하다는 점을 강조했지만 끝내 웃음은 멈추지 않았다.

교육이 끝나고 며칠 뒤 한 직원이 나에게 와서 하소연을 했다.

"선생님이 알려주신 자세로 일하면 허리가 괜찮아질까요? 제가 지금 허리가 많이 불편해서 바른 자세로 일하고 싶은데 사람들이 웃기게 볼까봐 못하겠어요."

그녀는 바른 자세로 물건 나르기를 실천하고자 했지만 다른 직원들이 여전히 구부정한 자세로 물건을 나르는 것이 문제였다. 그녀는 자기만 독특한 자세로 물건을 나르는 듯 인상을 주는 것을 부담스러워했다. 아직 바른 자세 문화가 익숙하게 정착되어 있지 않은 것이다.

이런 문제는 비단 이 회사의 여직원들에게 있는 문제만은 아니다. 다른 회사에 업무 자세를 평가하러 가면 많은 회사들이 비슷한 문제를 겪고 있는 것을 확인한다.

예를 들면 어떤 회사는 직원들이 작은 노트북을 구부정한 자세로 쓰고 일한다. 어떤 회사는 모니터를 옆으로 놓고 몸을 비틀고 일한다. 또 어떤 회사 직원들은 의자 등받이가 고정되지 않아 등을 뒤로 구부정하게 기대는 자세를 취하고 일을 한다.

가장 인상 깊었던 곳은 의자의 팔걸이를 없앤 곳이었다. 그 회사는 옆으로 기대는 자세가 좋지 않을 것 같아서 회사 차원에서 직원들의 의자 팔걸이를 모두 빼도록 했다. 그런데 팔걸이는 팔과 어깨를 쉬도록 하는 아주 중요한 지지대 역할을 한다. 팔걸이가 없으면 팔을 올릴 곳이 없어 어깨가 긴장되며, 몸을 책상 앞에 기대는 것과 같은 또 다른 나쁜 자세를 취하게 된다.

이런 웃지 못할 일들은 바른 자세 문화가 정착되지 않아서 생긴 것이다. 오히려 나쁜 자세 문화가 조직 문화로 자리 잡아 바른 자세 문화를 자리 잡지 못하게 한다. 이것은 마치 우리가 나쁜 자세 습관에 길들여져 있으면 바른 자세를 불편하게 느끼는 것과 같다. 조직에서도 나쁜 자세 문화에 길들여지면 바른 자세 문화를 어색하고 불편하게 여긴다.

이런 문화는 구성원들의 건강 문제, 부정적인 감정 유발, 수동적인 관계 등의 문제로 발전할 수 있다. 구성원 개개인의 포스처 파워를 약하게 만들 뿐 아니라 조직 전체의 포스처 파워를 약하게 만든다. 그리고 부정적인 조직문화로 이어질 가능성이 높다.

리더는 구성원들의 바른 자세 문화를 이끌어야 한다. 리더 스스로가 바른 자세의 가치를 이해하고 실천하는 것과 동시에 구성원들에게 고루 전달될 수 있도록 지원과 투자를 아끼지 말아야 한다.

## 2부

# 내 안의
# 좋은 에너지를
# 끌어내기 위한
# 포스처 파워
# 프로그램

## 자세는 안 보는 사이에
## 변한다

자세는 꽃이 피듯이 변화한다. 꽃을 피우기 위해 오랜 시간 거름을 주고 물을 주고 햇볕을 쐬어 주듯이, 꾸준하고 지속적인 바른 자세 습관을 통해 몸과 마음에 좋은 자극을 주어야 한다. 그러면 우리 몸은 조금씩 그 자극에 맞게 몸을 변화시킨다. 이 속도는 꽃이 피는 과정처럼 매우 느리게 일어난다. 꽃이 피는 것을 눈으로 보고 있으면 움직이는 것이 보이지 않지만 며칠이 지나고 보면 어느새 꽃봉오리가 활짝 펴져 있다. 한 번의 자세 습관으로 당장 완벽한 자세로 교정되지는 않지만 일상에서 계속 자세를 신경 쓰고 습관을 고치려고 노력하다 보면 어느새 자세가 곧게 세워져 있는 자신을 발견하게 된다.

나는 대학교 졸업하고 나서 주말이면 외가댁에서 식당일을 도와드리곤 했다. 그러다 자세를 공부하기 위해 5년 정도 일을 나가지 못했다. 5년 뒤 외가댁에 일손이 부족하다고 하여 다시 찾아갔다. 오랫동안 일을 하신 식당 아주머니께서 나를 보시고는 이렇게 말씀하셨다.

"못 본 사이에 키가 많이 컸네."

당시 내 나이는 20대 후반이었다. 성장판은 이미 닫힌 지 오래였고 실제 키가 커졌을 리가 만무했다. 변한 것은 자세였다. 자세를 공부하면서 익힌 바른 자세 습관이 5년 동안 조금씩 내 자세를 변화시킨 것이다. 그것을 보고 아주머니는 키가 커졌다고 느끼신 것이다. 자세는 이처럼 내가 모르는 사이 습관을 통해 변화한다. 작은 시간이라도 꾸준히 자세 습관을 고치려는 노력이 중요하다. 그러한 노력이 쌓여 내 자세가 교정된다.

## 바른 자세는 자전거 타기다

바른 자세를 배우는 것은 마치 자전거 타기와도 같다. 처음에는 자전거 타기가 익숙하지 않다. 그래서 페달을 밟는 족족 넘어진다. 그러나 의지를 가지고 자전거 타기를 계속 시도하면 조금씩 자전거 타는 느낌을 찾을 수 있다. 비틀거리긴 해도 넘어지는 횟수가 점점 줄어든다. 그러다가 며칠간 계속 자전거 타기를 연습하면 어느새 넘어지지 않고 자연스럽게 자전거를 탈 수 있다. 그리고 수개월이 지나면 의식적으로 신경 쓰지 않아도 자전거를 마음껏 탈 수 있는 단계에 이른다. 이 단계에 이르면 자전거는 내 몸의 일부가 된다.

평소 잘 취하지 않던 바른 자세를 갑자기 취하면 불편함을 느낀다. 나를 묶어두고 감옥에 넣은 것 같이 답답한 느낌이 든다. 바른 자세를 몸과 마음 스스로 내 자세가 아니라고 여기기 때문이다. 이미 나쁜 자세에 익숙해져 바른 자세를 취하면 어색한 느낌이 든다.

그러나 바른 자세를 반복적으로 연습하면 조금씩 답답함이 줄어든다. 바른 자세를 취하는 요령을 터득하면서 점점 어색함과 불편함이 덜해진다. 그러면서 시간이 지날수록 바른 자세에 익숙해지고 나중에는 무의식적으로 바른 자세를 취할 수 있는 단계에 이른다. 이 정도에 이르면 바른 자세는 어느새 내 생활의 일부가 된다. 그리고 더 나아가 바른 자세가 필요한 여러 상황에서 적절하게 그것을 활용할 수 있다.

## 포스처 파워 훈련을 위한
## 3단계

포스처 파워를 훈련하기 위해서는 3가지 단계를 거친다.

첫 번째는 '바른 자세 만들기' 단계다. 바른 자세를 배우고 시도해보는 단계다. 처음이기 때문에 당연히 바른 자세가 불편하고 어색할 것이다. 그러나 의지를 가지고 어색함을 참고, 반복적으로 노력해야 한다. 마치 몸에 좋은 쓴 약을 먹는 것처럼 바른 자세를 취해보고 또 취해봐야 한다. 이것을 반복하다 보면 바른 자세를 취할 때 어떤 느낌으로 해야 하는지 알게 된다. 이 단계에서는 바른 자세를 시도하고 느낌을 찾는 것을 목표로 한다.

두 번째는 '바른 자세 습관화' 단계다. 바른 자세를 내 것으로 만드는 단계다. 신발을 사도 처음에는 내 것이라는 생각이 들지 않는다. 말 그대로 어색하고 생소하다. 그러나 신발을 자꾸 신다 보면 점점 내 발에 익숙해진다. 완전히 익숙해지고 자연스러워져야 비로소 내 신발이 된다.

바른 자세도 습관화를 통해 익숙한 자세로 만들어야 한다. 그런데 익숙하지 않은 상태에서 바른 자세를 꾸준히 실천하는 것은 어려운 일이다. 끊임없이 자세를 신경 쓰고 고쳐잡으려고 노력해야 한다.

이때 3가지 방법을 활용한다. 신호 만들기, 환경 조정하기, 조력자 만들기다. 이 방법들은 바른 자세 습관을 유지하는 데 도움을 준다. 마지막으로 우리는 단순히 바른 자세를 습관화하는 데 그쳐서는 안 된다. 언제 어디서든 생활 속에서 바른 자세를 실천할 수 있어야 한다.

포스처 파워 훈련하기의 마지막 단계는 '실생활 적용하기'다. 바른 자세를 마음, 건강, 외모에 연결해보고 생활 속의 다양한 상황에 적용해보는 것이다. 마음이 우울할 때, 공부에 집중할 때, 업무 생산성을 높이고자 할 때, 비즈니스 미팅에서, 연설을 할 때와 같이 내 삶에 중요한 순간에 포스처 파워를 발휘하는 요령을 알아보자. 이 3단계를 거치면 어느새 당신은 포스처 피플이 되어 있을 것이다.

# 7장

# 바른 자세 만들기의
# 기본

Posture
Power!

**"**

당신의 자세는 타인에게 영향을 끼치며,

당신의 뇌에도 영향을 끼친다.

<u>에이미 커디, 사회심리학자</u> **"**

# 01

## 바른 자세
## 3원칙

바른 자세를 배우기 전에 꼭 알아두어야 할 3가
지 원칙이 있다. 바른 자세를 취하기 위한 기술적인 방법을 습
득하기 이전에 이 원칙들을 알아두자. 그러면 더 쉽고 자연스럽
게 바른 자세를 취할 수 있다.

## 원칙 1
## 누르고 넣고 늘려라

척추는 바른 자세에서 가장 핵심이 되는 신체 부위다. 척추를 잘 세우는 것이 곧 바른 자세를 잘 취하는 것이다. 척추를 곧게 세울 때는 기본적으로 세 가지 방향으로 힘을 사용한다. 누르고, 넣고, 늘리는 방향의 힘이다.

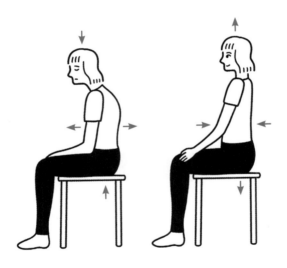

**그림 22 척추에 작용하는 3가지 힘의 방향**
↑ : 정수리를 위로 늘리는 힘   → : 허리를 세울 때 배를 안으로 넣는 힘   ↓ : 엉덩이에서 아래로 누르는 힘

앉는 자세를 예로 들면 우선 엉덩이를 가지런히 바닥에 놓는다. 엉덩이가 무겁게 바닥을 누르는 느낌을 느낀다. 그런 다음 마치 척추를 여의봉처럼 위아래로 길게 늘린다. 그리고 아랫배에 힘을 주어 배를 안으로 넣어준다. 나쁜 자세는 이 힘의 방향이 반대로 향한다. 엉덩이에서 힘은 위를 향하고 정수리는 아래를 향한다. 그리고 배가 안으로 들어가지 않고 몸 바깥쪽을 밀려난다.

이 세 가지 힘의 방향은 다른 자세에서도 동일하게 적용된다. 예를 들어 걷기 자세에서 팔다리를 교차로 움직일 때 척추를 위아래로 길게 늘리고 배에 힘을 주고 걸으면 바른 자세로 걸으면 된다. 물건을 들 때도 척추를 위아래로 길게 늘리고 배에 힘을 준 다음 고관절과 무릎을 구부려 물건을 들면 바른 자세로 물건 드는 자세가 나온다. 몸을 돌릴 때도 마찬가지다.

척추에서 이루어지는 세 가지 힘의 방향이 유지되면 돌리는 움직임에서도 바른 자세를 취하고 있는 것이다. 이 세 가지 힘의 방향을 잘 인지하면 언제 어디서든 어떤 동작을 하든 바른 자세를 쉽게 취할 수 있다.

## 원칙 2
## 몸을 쌓는 느낌으로

바른 자세는 몸을 세우려고 하기보다는 몸을 쌓는 느낌으로 해야 한다. 많은 사람들이 바른 자세를 취할 때 몸을 세우는 것에 집중한다. 그래서 지나치게 몸을 젖히거나 등허리 근육을 긴장시키는 경우가 많다. 그러나 가장 좋은 바른 자세는 가지런히 몸을 쌓는 것이다. 중력이 당기는 방향에 맞추어 신체의 각 부분을 그대로 쌓아주는 것이다. 골반 위에 허리, 허리 위에 가슴, 가슴 위에 머리를 순서대로 쌓아 올리는 느낌으로 자세를 취하는 것이 좋다. 마치 택배상자 쌓듯이 내 몸을 가지런히 쌓아놓는다고 생각하면 쉽다.

이렇게 하면 긴장하지 않고도 자연스럽게 바른 자세를 취할 수 있다. 몸이 잘 쌓여 있는지 쉽게 판단하는 기준은 옆에서 보았을 때 귓구멍, 어깨 옆 가운데, 바지주머니 뒤에 있는 봉제선 부분이 일직선에 놓여 있는지를 확인하는 것이다. 이건 이상적인 자세를 취했을 때 나오는 라인이다. 물론 처음부터 이 라인이 완전히 일직선이 되지는 않을 것이다. 나쁜 자세에 적응된 상태이기 때문이다. 그래도 전보다 일직선에 가까워진 자세를 취했다면 그것만으로도 충분하다. 바른 자세를 반복해서 취할수록 자세는 일직선에 가까워진다.


## 원칙 3
## 불필요한 긴장을 하지 않는다

많은 사람들이 바른 자세를 처음 취할 때 몸을 바짝 긴장하고 숨을 쉬지 않는다. 몸을 움직여 보라고 해도 마치 목에 깁스를 착용한 사람들처럼 뻣뻣하게 움직인다. 어떤 사람은 자기가 로봇이 된 느낌이 든다고 말하기도 하고 어떤 사람은 바른 자세를 취하다가 등에 힘을 너무 줘서 쥐가 나는 경우도 있다. 이건 잘못된 자세다. 아무리 바른 자세를 완벽하게 취해도 몸에 긴장을 많이 하고 있으면 바른 자세로 보지 않는다.

바른 자세는 그 자세를 취할 수 있는 최소한의 긴장만 유지해야 한다. 허리를 펴기 위한 최소한의 힘, 어깨를 펴기 위한 최소한의 힘, 목을 세우기 위한 최소한의 힘을 주어야 한다. 이 힘이 어느 정도인지를 계속 느껴보고 찾아야 한다.

특히 바른 자세를 취할 때 어깨죽지에 힘이 많이 들어가는 사람이 있다. 어깨죽지는 몸을 세울 때 낮추고 완전히 힘을 빼야 한다. 어깨죽지에 힘이 들어가면 목을 끌어당겨 머리를 세우는 것을 방해한다.

어깨죽지와 목은 마치 엘리베이터와 엘리베이터 추처럼 작용한다. 엘리베이터 추가 올라가면 엘리베이터가 내려오듯이 어깨죽지가 올라가면 목은 아래로 내려온다. 반대로 어깨죽지가 내려가면 목은 위로 올라간다. 때론 원래 자세가 나쁜 자세이어서 바른 자세를 취할 때 힘이 많이 들어가는 사람도 있다. 이런 사람은 처음부터 바른 자세를 한 번에 만들려고 해서는 안된다. 지금보다 나은 자세를 취하려고 노력하면서 조금씩 몸을 세우는 연습을 해야 한다. 그래서 바른 자세가 익숙해지도록 반복적인 노력이 필요하다. 바른 자세를 취할 때는 절대로 긴장하지 않도록 하자.

# 02

# 앉는 자세
# 연습

바른 자세는 모든 움직임의 기초다. 우리는 '석상'이나 '돌탑'이 되기 위해 바른 자세를 취하는 것이 아니다. 바른 자세를 취한 상태에서 자연스럽게 움직일 수 있어야 한다. 바른 자세를 먼저 취한 다음 스마트폰 조작, 필기, 독서, 키보드 두드리기와 같은 아주 간단한 동작을 해본다. 동작을 하다 보면 몸이 기울어지거나 돌아가는 등 작은 움직임이 일어나는데 아주 자연스러운 일이다. 이때 척추에서 힘의 3가지 방향이 흐트러지지 않게 인지하면 바른 자세를 유지하면서도 편하게 움직일 수 있다. 나중에는 앉았다 일어나기, 걷기, 물건 들기와 같은 큰 동작에서 바른 자세를 유지하면서 움직이는 연습해본다.

바른 자세 연습은 앉는 자세를 먼저 연습한다. 현대인은 앉는 자세를 많이 취할뿐더러 앉는 자세에서 자세가 쉽게 나빠진다. 앉는 자세에서 바른 자세를 연습하고 그다음에 선 자세 그다음에는 걸을 때 바른 자세를 취하는 방법으로 발전시킨다. 우선 바른 자세를 연습할 공간이 필요하다. 내 몸에 집중할 수 있는 독립되고 편안한 공간이 좋다. 그리고 자세를 잡기 위한 도구인 의자와 거울을 준비한다.

### 연습 도구 1 : 의자

바른 자세를 '연습'하기 위한 의자는 지나치게 푹신한 방석이 있는 것보다는 조금 딱딱한 느낌의 의자가 좋다. 딱딱한 의자는 자세를 취할 때 몸에 들어가는 힘을 더 잘 느낄 수 있게 해주고 바닥과 몸이 닿는 부분의 느낌에 더 집중할 수 있다. 의자는 정강이뼈 길이 높이만큼의 의자를 고른다. 의자 다리는 네 개로 안정감 있게 몸을 받쳐줄 수 있는 형태가 좋다. 바퀴가 달린 둥근 의자는 연습할 때 몸이 돌아가 자세를 연습할 때 불편할 수 있다. 대개 화장대 의자와 같은 일반적인 스툴 형태의 의자가 연습용으로 하기 적당하다. 만약 이런 의자가 없다면 식탁 의자를 활용하여도 좋다.

### 연습 도구 2 : 거울

자세를 연습할 때 거울이 옆에 있으면 자세를 관찰하기 좋다. 바른 자세를 연습할 때 거울을 보면서 자세가 잘 취해졌는지 아닌지를 확인하며 피드백을 할 수 있다. 또한 거울을 통해 내 자세가 변화하는 모습을 보면서 자세 습관에 대한 동기부여를 할 수 있다. 거울은 벽면에 부착된 전신거울 형태가 내 자세를 정확하게 볼 수 있다. 만약 벽면에 부착된 거울이 없다면 스탠드형 전신거울이라도 준비하자.

## STEP 1
## 발바닥 바닥에 놓기

발을 바닥에 잘 놓는 것은 몸을 세우고 중심을 잡는 데 있어 중요하다. 무릎과 다리를 11자로 정렬하고 발이 바닥에 잘 놓이도록 하자. 발바닥에는 신체 압력을 감지하는 감각신경이 밀집되

그림 23 의자에 앉을 때는 발바닥을 바닥에 잘 놓는다.

어 있어서 발바닥 감각을 통해 자세를 바로 잡을 수 있다. 간혹 의자 높이가 너무 높아 발이 뜬 상태에서 일하는 사람을 보게 되는데 자세 중심을 잡지 못해 금세 피곤함을 느낀다.

## STEP 2
## 좌우 엉덩이를 가지런히

앉은 자세에서 바닥에 닿는 신체 부위는 바로 엉덩이다. 발을 바닥에 잘 놓은 다음에는 좌우 엉덩이를 의자 방석에 가지런히

놓고 앉는다. 더 정확하게 앉고
자 한다면 다음과 같이 연습해보
자. 의자 앞쪽 끝에 걸터앉는다.
그리고 엉덩이를 한쪽만 바닥에
놓고 비벼보자. 엉덩이 안 쪽에
뭉툭한 뼈가 느껴질 것이다. 그
뼈는 좌골이라고 해서 앉아 있을
때 발 역할을 한다. 이 양쪽 좌골
을 가지런히 놓고 앉아보자. 내
체중이 좌골 부위에 실리는 것이
느껴질 것이다. 체중을 양쪽 좌

**그림24** 좌우 엉덩이에 몸무게를 잘 나눈다.

골에 50퍼센트씩 고르게 분산시키면서 앉으면 된다. 이렇게 좌
골을 누르고 앉으면 바른 자세의 절반이 완성된다. 집의 터가
잘 닦여지면서 기둥이 잘 세워지듯이, 골반이 수평을 유지하면
서 척추가 곧게 세워진다.

# STEP 3
## 허리 펴기

허리를 펼 때 아랫배에 힘을 줘야 한다. 이렇게 하면 아랫배에 있는 복부 근육이 허리의 브레이크 역할을 한다. 그래서 자칫 허리를 너무 많이 펴서 근육이 긴장되는 일을 막을 수 있다. 중요한 것은 배에 힘을 주면서 허리를 펼 때 적당한 복부 근육의 길이를 유지하는 것인데 다음과 같은 간단한 방법을 이용하여 연습할 수 있다.

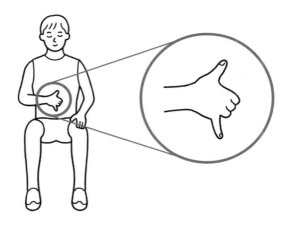

**그림 25** 샤카 사인으로 복부 근육의 길이에 신경을 쓴다.

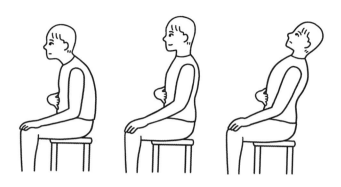

짧은 복근 길이(복근 수축)　　　적정 복근 길이　　　과도한 복근 길이(허리 긴장)

그림 26 손을 붙인 상태에서 허리를 숙였다 폈다 해본다.

　　주먹을 쥐고 엄지손가락과 새끼손가락만 위아래로 최대한 편
다. 이 손 모양은 '샤카 사인Shaka sign'이라고 해서 하와식으로 '
안녕하세요'라는 손 인사법이다. 이렇게 손 모양을 한 다음 새
끼손가락은 배꼽에 놓고 엄지손가락은 명치 끝에 붙인다. 그리
고 손바닥이 배를 향하도록 배 위에 주먹을 붙인다. 이 손은 내
복근의 길이를 의미한다.

　　손을 붙인 상태에서 허리를 숙여 몸을 구부려보자. 명치와 배
꼽이 가까워지며 엄지손가락과 새끼손가락이 가까워질 것이다.
내 복근도 손가락 모양처럼 길이가 짧아진다. 몸을 숙인 상태에

서 천천히 허리를 펴보자. 허리를 펴다 보면 어느 순간부터 명치에 놓인 엄지손가락이 떨어지려고 할 것이다. 바로 그 직전까지만 허리를 편다. 그리고 배에 약간의 힘을 주고 그 정도만큼만 배를 집어넣는다.

이쯤 되면 허리가 들어가 있는지 아닌지 긴가민가할 것이다. 그 상태에서 나머지 한 손으로 허리를 만져 확인해보자. 허리가 약간이라도 안으로 들어가 있는가? 만약 안으로 들어간 느낌이 약간이라도 느껴진다면 최적의 상태로 허리를 편 것이다.

## STEP 4
## 정수리 늘리기

마지막으로 정수리를 길게 늘린다. 이것은 정수리를 천장 방향으로 키를 크게 하는 것이다. 이 느낌을 잘 못 찾는 사람이 많다. 다음과 같이 연습하면 된다. 우선 정수리 위에 손을 올려놓는다. 그다음 정수리와 손바닥 사이에 1센티미터 공간이 생기도록 손을 뗀다. 그런 다음 그 빈 공간을 채우는 느낌으로 척추를 늘려 키를 크게 만든다. 신체검사할 때 조금이라도 큰 키를 만들기 위

**그림 27** 정수리 늘리기는 앉은 상태에서 척추를 펴는 것이다.

해서 하는 노력과 비슷하다.

이렇게 하면 실제로 키가 작으면 몇 밀리미터에서 많으면 몇 센티미터 커지는데 이때 주의사항은 집어넣은 배꼽과 턱이 들리거나 앞으로 나오면 안 된다. 늘림의 방향은 수직 방향이기 때문에 배꼽과 턱이 넣어진 상태에서 키를 크게 해야 한다. 이런 자세는 키를 크게 하는 것이 아니라 뒤로 젖히는 자세가 되어 오히려 몸이 긴장될 수 있다.

모든 나쁜 자세의 공통점은 몸을 찌그러뜨려 자세를 취하는 것이다. 늘림의 원칙은 찌그러진 몸을 펴주면서 자세를 가지런하게 만들어 준다. 가벼운 책을 정수리에 올려놓고 척추를 늘려주면 몸의 무게중심을 조절하는 데 도움이 된다.

## STEP 5
## 어깨 릴렉스로 마무리

척추가 나무에서 기둥이라면 팔과 어깨는 나뭇가지와 열매다. 몸을 세울 때 척추를 세우는 근육은 어느 정도 힘이 들어가지만 어깨는 힘이 들어갈 필요가 없다. 어깨에 힘이 들어가면 오히려 목을 끌어당겨 머리를 앞으로 나오게 만든다.

　바른 자세를 할 때 마지막에는 어깨에 힘을 빼도록 한다. 어깨에 긴장을 푸는 가장 좋은 방법은 어깨를 앞, 위, 뒤, 아래 순서로 원을 그리며 돌려주면서 의도적으로 힘을 빼는 것이다. 어깨를 2바퀴 돌려주면서 마지막에 어깨를 내릴 때 힘을 빼도록 하자. 이 상태에서 5회 정도 심호흡을 하여 몸이 편안함을 느끼도록 만든다.

# 03

## 선 자세
## 연습

앉은 자세가 63빌
딩을 세우는 일이었다면 선 자세
는 제2롯데월드를 세우는 일이
다. 앉은 자세보다는 조금 더 많
은 노력이 필요하다. 그래서 바르
게 서기는 발에서부터 머리끝까
지 안정적인 구조물을 만드는 것
을 목적으로 한다. 그러나 선 자
세는 앉은 자세에 비해 여러 관절

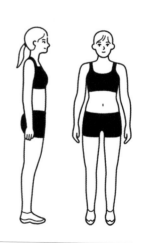

**그림 28** 똑바로 선 자세

을 이용해서 자세를 취해야 한다. 따라서 오랜 시간 한 자세를 유지하기 어렵다. 바로 몸을 움직이거나 다양한 활동을 할 수 있는 준비 자세를 만드는 것, 이것도 바르게 서기의 중요한 목적이다.

## STEP 1
## 발바닥의 삼각지점 느끼기

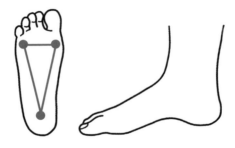

그림 29 발바닥 삼각지점 만들기

발바닥에는 중요한 삼각지점이 있다. 엄지발가락이 시작되는 부위의 뼈와 새끼발가락이 시작되는 부위의 뼈 그리고 발뒤꿈치 가운데다. 이것을 연결하면 삼각형이 되는데 이 삼각형에 체중이 실린다고 생각하고 발을 딛는다. 이때 발 안쪽에 약간 들어간 부분이 있는데 여기는 발의 충격 흡수를 위한 발의 아치 부분이다. 발 안쪽의 아치 부분은 바닥에서 떨어져 있어야 한다.

이런 방식으로 발을 골반 너비로 선다. 양발은 11자를 만드는데 실제로 완전히 11자라기보다는 발끝이 7도 정도 바깥쪽을 향한 자세를 만든다. 그다음 체중을 양발에 고르게 실리도록 한다. 그리고 몸의 무게중심은 양발의 가운데를 관통한다. 체중이 앞이나 뒤 어느 쪽으로도 치우치지 않도록 한다. 그런 다음 발에서 체중이 눌리는 힘과 지면이 몸을 위로 밀어내는 힘을 느낀다. 무릎은 완전히 펴져 있지 않고 약간 구부린 자세를 취한다. 무릎을 다 펴지 않았다는 느낌만 주면 된다.

## STEP 2
## 골반 수평 만들기

골반은 옆에서 보았을 때 앞쪽 면이 지면과 수직이 되어야 중심을 잘 잡을 수 있다. 손바닥을 골반 앞쪽에 놓고 검지손가락과 엄지손가락을 이용하여 역삼각형 모양을 만든다. 역삼각형을

형성한 손의 면이 옆에서 보았을 때 지면과 수직 상태인지 아닌지를 확인한다. 만약 아니라면 아랫배에 힘을 이용하여 마치 마이클 잭슨 춤추듯이 골반을 앞뒤로 기울여보며 앞쪽 면이 수직이 되는 위치로 조정한다.

골반이 잘 세워졌다면 앞 허벅지와 엉덩이에 살짝 힘을 준다. 골반이 안정되면 그다음 허리를 세운다. 허리를 세울 때는 앉은 자세를 연습할 때와 마찬가지로 자세를 취한다. 샤카 사인을 이용하여 아랫배에 힘을 주고 허리를 세워준다. 허리가 세워졌으면 그 다음은 등을 펴고 가슴을 열어준다. 가슴뼈가 수직으로 떨어지는 자세가 아닌 약간 위로 들리게 자세를 취해주면 된다.

## 머리와 어깨 삼각형을 넓게

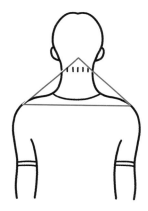

**그림 31** 넓은 삼각형으로 머리와 어깨 펴기

머리 뒷부분을 만져보면 약간 뾰족하게 튀어나온 부위가 있다. 후두골 융기라고 하는 부위인데 이 지점에서 양쪽 어깨 끝을 연결하면 삼각형 모양이 나온다. 바른 자세는 이 삼각형을 크게 펼치는 느낌으로 자세를 취해야 한다.

일단 어깨는 긴장되지 않도록 날개뼈를 꼬리뼈 방향으로 당겨주고 앞쪽 옷 주름이 사라질 정도로 펴준다. 그 다음 턱을 당기고 뒤 목을 늘리면서 머리를 세우고 정수리를 하늘 방향으로 늘려준다. 이렇게 하면 뒤에서 보이는 머리와 어깨를 연결하는 삼각형이 넓게 펼쳐지는 자세가 된다.

## STEP 4
### 무게중심 조정하기

마지막으로 전체 몸의 무게중심이 정수리에서 배꼽, 항문, 그리고 발과 발 사이 중앙으로 관통하는지 느낀다. 무게중심이 내 몸의 가운데로 잘 관통하는지 아니면 앞이나 뒤, 좌우 한쪽으로 치우치진 않았는지 느껴보자. 만약 한쪽으로 치우쳐져 있다면 가운데를 찾아서 자세를 약간 조정해야 한다. 신체 무게중심을 생각하고 느끼는 것만으로도 중심을 잘 잡을 수 있다.

앉기와 마찬가지로 바르게 선 자세도 자연스럽게 호흡을 하면서 언제든지 다른 자세로 움직일 수 있는 상태를 유지해야 한다. 갑자기 날아오는 야구공을 피하거나 물건을 들 수 있는 상태가 되어야 한다. 가장 좋은 방법은 바르게 선 자세를 만든 다음 자연스럽게 바르게 걷기로 이어가는 것이다.

# 04

## 걷는 자세
## 연습

물리학자는 사람의 걷기를 시계추가 거꾸로 움직이는 것으로 비유한다. 머리로 향할수록 신체 크기에 비해 체중이 무거워질뿐더러 두 발로 걸으면서 어쩔 수 없이 좌우로 몸의 흔들림이 생기기 때문이다. 바르게 걷기는 이 흔들림을 최소화하는 것에서부터 시작된다. 이런 관점에서 바르게 걷기는 신발, 보간, 척추, 시선이 중요하다.

# STEP 1
## 발에 좋은 신발

당당하고 바른 자세로 걸으려면 신발을 잘 신어야 한다. 신발을 잘 신어야 발이 불편하지 않고 몸의 중심을 잘 잡을 수 있다. 우선 신발은 발에 딱 맞게 밀착되어 있어야 한다. 슬리퍼를 신고 다니는 사람들의 걸음걸이를 본 적이 있는가? 그들은 주로 배를 내밀고 건들거리며 걷는다. 신발이 발에서 떨어질까봐 걸음걸이가 나빠진 것이다.

바른 걸음걸이를 위해 기본으로 슬리퍼나 샌들이 아닌 운동화나 구두를 신는 것을 권장한다. 그리고 신발을 오래 신으면 늘어나거나 헐렁거릴 수 있으므로 자주 신발 끈을 고쳐 매어 신발이 발에 밀착되도록 하는 것이 좋다. 일반적으로 발에 좋은 신발의 형태는 다음과 같다.

- 앞 볼 부분이 넓은 신발

- 구부렸을 때 발 앞쪽에서 1/3 지점이 잘 구부러지는 신발

- 뒤꿈치 부분이 단단하게 받쳐지는 신발

- 신발 아랫부분에 적당히 쿠션감이 있는 신발

- 끈을 통해 발에 맞게 너비를 조절할 수 있는 신발

## STEP 2
## 배에 힘주고 척추 세우기

걸을 때 오른팔이 앞으로 나갈 때 왼발이 앞으로 나간다. 몸통의 움직임으로 보면 어깨는 왼쪽으로 돌아갈 때 골반은 오른쪽으로 돌아간다. 이렇게 어깨와 골반이 교차해서 회전하는 이유는 걸을 때 신체의 무게중심을 맞추기 위함이다. 상자를 쌓을 때 하나를 왼쪽으로 돌려 쌓으면 다른 하나는 오른쪽으로 돌려서 쌓는 것과 같은 이치다.

척추는 이러한 몸통의 교차 움직임에서 회전축이 된다. 척추가 곧게 세워져 있어야 몸통에서의 교차 움직임이 잘 일어나 중심이 흐트러지지 않는다. 바르게 앉기와 서기에서 배웠던 방식과 같이 배에 힘을 주고 위, 아래, 안쪽 힘의 3가지 방향을 고려하여 척추를 곧게 세운다.

## STEP 3

## 보간 좁히기

걸을 때는 가만히 서 있을 때와 다르게 한 발을 들어 올려 이동을 해야 한다. 한 발을 들어 올릴 때 몸의 무게중심이 좌우로 흐트러지지 않게 하려면 발과 발 사이 간격을 좁혀야 한다.

걸을 때 앞에서 보았을 때 발과 발 사이의 좌우 간격을 '보간'이라고 하는데 이 간격을 골반 너비보다는 좁게, 주먹이 하나 겨우 들어갈 정도로 좁혀서 걷는다. 패션모델의 워킹처럼 보간이 완전히 포개어지지 않도록 하는 것이 좋다. 반대로 보간이 골반 너비보다 넓은 걸음걸이를 양반걸음이라고 하는데 이런 걸음걸이는 좌우로의 흔들림이 심해진다.

## STEP 4

## 정면 보고 걷기

땅을 보고 걷는 사람은 자세도 구부정하다. 멀리 보고 걷는 사람은 자세가 바르다. 걸을 때 당당하고 바른 자세를 위해서는 시선이 매우 중요하다. 눈을 움직이는 근육과 목의 속 근육은 신경을 통해 연결되어 있다. 눈을 아래로 내려다보면 목 근육도 고개를 숙이기 위해 힘을 준다. 눈을 위로 올려 보면 목 근육도 고개를 들기 위해 힘을 준다. 평소 시선을 어디에 두느냐에 따라 목과 척추의 자세가 변한다. 그러므로 걸을 때는 습관적으로 시선을 정면을 향하고 멀리 보고 걸어야 한다.

이와 함께 어깨에도 가상의 눈이 달려 있다고 상상하면 바른 자세로 걷는 데 도움이 된다. 어깨에 달린 가상의 눈도 실제 눈이 바라보는 방향에 맞추어 정면을 향하고 멀리 보는 것이 좋다.

## STEP 5
## 팔 흔들기

마지막으로 리드미컬하고 활기찬 팔의 움직임은 당당한 걸음걸이의 완성이다. 물론 팔의 움직임이 걷기에 있어 기능적으로 큰 역할을 하는 것은 아니다. 팔이 움직이지 않아도 인체는 충분히 걸을 수 있도록 고안되어 있다. 그래서 사람은 손에 물건을 들고도 걷는 것이 가능하다. 다만 팔의 움직임은 마치 하얀 생크림 케이크 위에 얹힌 딸기나 단색 원피스에 달린 브로치와 같이 걸음걸이를 더욱 당당하게 보이도록 한다.

기본적으로 팔은 다리가 움직일 때 그 반동으로 인해 자연스럽게 앞뒤로 흔들린다. 여기에 내가 조금 더 팔에 힘을 주어 능동적으로 팔을 앞뒤로 흔들어보자. 팔을 흔들 때는 11자로 움직여야 한다. 만약 자세가 구부정하면 팔이 안쪽으로 모인다. 자세가 너무 젖혀지면 팔이 바깥쪽으로 벌어진다. 그러므로 팔을 11자로 움직이기 위해서는 반드시 몸을 세우고 어깨를 바르게 펴야 한다.

## STEP 6
### 머리 흔들림 줄이기

바르게 걷기에서 마지막으로 해야 할 것은 이동 중에 신체 무게 중심을 가운데로 잘 유지하는 것이다. 특히 머리의 흔들림이 최소화되어야 한다. 머리의 위아래, 좌우로의 흔들림이 많아지거나 한쪽으로 치우침이 생긴다면 발에서부터 척추까지 걷기 자세가 잘못되었음을 나타낸다. 지금까지 배운 보간, 척추 세우기,

시선 등의 방법을 하나의 자연스러운 움직임으로 통합하는 연습이 필요하다.

이런 요령을 찾기 위해 책을 이용한 걷기 연습을 해보자. 머리 위에 작은 크기의 책을 올려놓는다. 그리고 책이 내 몸에서 가장 높은 지점에 놓이도록 몸을 곧게 세워 최대한 키 큰 자세를 취한다. 보간을 모으고 얼굴과 시선은 정면을 바라본다. 그런 다음 책이 떨어지지 않도록 중심을 잡으며 걷기를 해본다.

처음에는 사뿐사뿐 걷기와 같이 조심스러운 걸음걸이나 나올 것이다. 그러다 이것이 익숙해지면 보폭을 조금 더 늘려가면서 일반적인 걸음걸이로 바꾸어 연습해본다. 신체 무게중심의 이동과 배에 들어가는 힘, 자연스러운 팔의 움직임 등을 고려한다. 이 연습을 반복하다 보면 책을 머리 위에 올려놓지 않아도 자연스럽고 당당한 자세로 걷는 느낌을 쉽게 찾을 수 있다.

내 안의 좋은 에너지를 끌어내기 위한 포스처 파워 프로그램

# 8장

# 바른 자세는
# 습관이다

Posture
Power!

**"**

특정한 신체 자세를 취하면
마음속에서 깊은 소리가
크고 뚜렷이 퍼져나온다.

<u>이소룡, 영화배우</u> **"**

# 01

# 바른 자세 습관화
## 3단계

이 단계는 바른 자세를 습관으로 만드는 단계다. 일종의 '바른 자세 자동화 시스템'을 만드는 것이다. 생활 속에서 바른 자세를 자주 신경 쓸 수 있도록 몇 가지 외부적인 여건을 조성해야 한다.

먼저 바른 자세를 취하는 나만의 약속인 '바른 자세 신호'를 만든다. 이 신호는 시간이 될 수도 있고, 어떤 소리가 될 수도 있으며, 기계적 장치가 될 수도 있다. 주변에 바른 자세를 연상하게 해줄 어떤 신호를 만들어 두면 자연스럽게 반복적으로 바른 자세를 신경 쓸 수 있다.

그 다음에는 자세를 바르게 할 수 있게 '환경 조정'을 한다. 환경이 부적절하면 나도 모르게 나쁜 자세를 취하게 된다. 주로 하루 동안 가장 오랜 시간 한 자세를 취하는 업무를 볼 때나 공부를 할 때 바른 자세를 편하게 유지하기 위한 환경 조정 방법을 다룰 것이다.

마지막으로 바른 자세 습관 만드는 것을 도와줄 '조력자'를 찾아야 한다. 주로 가장 가까운 가족이나 직장동료를 조력자로 하여 함께 바른 자세 습관을 만들어가는 것이다. 내가 조력자의 자세를 바르게 하도록 도와주고 또한 조력자가 나를 도와주기도 하면서 서로 자세 습관을 신경 쓰면 더 오랫동안 바른 자세 습관을 유지할 수 있다.

POSTURE
POWER

# 바른 자세
# 신호 만들기

아직 바른 자세가 습관화되지 않은 상태에서는 일상생활 중에 바른 자세를 취해야 하는 것을 잊어버린다. 다른 일에 집중하거나 신경 쓰면서 바른 자세 습관이 관심에서 멀어지기 때문이다. 바른 자세 습관이 만들어지기까지 의식적으로 자세를 바르게 취하도록 하는 자극이 주어져야 한다. 이것을 '바른 자세 신호'라고 한다.

바른 자세 신호는 특별한 것이 아니다. 오감을 자극하는 도구나 장치가 모두 신호가 될 수 있다. 지금 읽고 있는 이 책도 일종의 바른 자세 신호다. 이 책을 책상에서 가장 잘 보이는 곳에 그리고 다른 책들과 다르게 약간 앞으로 튀어나오게 꽂아두자. 무심코 이 책이 눈에 띨 때마다 바른 자세를 하면 된다.

옆에 놓인 볼펜도 바른 자세 신호가 될 수 있다. 내가 이 볼펜을 보면 바른 자세를 취하겠다고 마음을 먹으면 된다. 그러면 볼펜을 사용할 때마다 바른 자세에 대한 생각이 떠오를 것이다. 바른 자세 신호 중 내가 가장 많이 쓰는 것은 음악, 알람, 거울, 소프트웨어다. 이것들은 바른 자세를 자극하는 데 큰 도움이 된다.

## 바른 자세
### 음악

특정한 음악을 들을 때 바른 자세를 취하기로 약속한다. 주로 활기차고 에너지 넘치는 노래가 좋다. 나는 모험을 주제로 하거나 슈퍼 영웅을 주인공으로 하는 영화의 OST 곡을 바른 자세 음악으로 설정했다. 〈스타워즈〉 메인 테마곡, 〈인디아나 존스〉의 테마곡, 〈슈퍼맨〉 테마곡이 나의 바른 자세 음악이다. 여러 음악목록 사이에 이 곡들을 섞어서 넣어두고, 중간에 이 음악들이 나올 때마다 자세를 돌아보고 바른 자세를 취한다. 그리고 의도적으로 어떤 중요한 미팅이나 일이 있기 전 포스처 파워를 발휘하기 위해 이 음악들을 듣는다.

## 스마트폰
### 시간 알람

특정한 시간에 스마트폰 알람을 맞춰놓고 울리도록 한다. 그 시간은 바른 자세를 취하는 시간이다. 알람이 울리는 여지없이 자세를 돌아보고 바른 자세로 몸을 세운다. 이 시간은 오후 2시를 권장한다. 자세를 감지하는 웨어러블기기를 개발하는 회사의 통계에 의하면 실리콘밸리 직장인들은 출근 후 5시간이 지나고부터 자세가 구부정해지는 것을 발견했다.

소리는 기상 알람소리와 다른 알람소리로 설정하는 것이 좋다. 그 시간에 알람이 울리면 자세를 바르게 취하면 된다.

## 화장실 거울과
### 쇼윈도

화장실에 있는 거울은 크고 넓어서 내 자세를 관찰하기 아주 좋은 도구다. 집 안 화장실이나 공중화장실을 이용할 때 손을 닦고 나서 내 얼굴뿐 아니라 옆모습에서의 자세를 관찰해보자. 그렇게 하면 하루에 4~5번 이용하는 화장실이 자세를 인지하는 공간이 된다.

거리나 쇼핑몰에서 걸을 때는 쇼윈도를 통해 자세를 관찰하기 좋다. 쇼윈도에 비친 내 자세를 보면서 몸이 구부정하지 않은지 신경 써서 보자. 의외로 자세가 구부정할 때가 많다는 것을 깨닫게 될 것이다.


## 자세 알람 웨어러블 기기 및
### 소프트웨어

최근 몸에 부착하여 자세가 구부정하면 경고 알람을 울리고 바르게 하면 멈추는 웨어러블 기기들이 출시되었다. 이런 기기들은 바른 자세를 습관화하는 데 매우 유용한 도구다. 자세 습관을 데이터화하여 어플로 전송한 뒤 하루 동안 자세 습관이 어떠했는지를 알려준다. 가슴에 부착하는 형태, 머리 뒤에 안경 쓰듯이 쓰는 형태, 허리에 붙이는 형태 등이 있는데 내가 중점적으로 자세를 바르게 신경 쓰고 싶은 부위와 관련된 제품을 이용하면 된다.

이런 제품뿐 아니라 일하면서 휴식시간을 알려주고 스트레칭 타이밍을 알려주는 소프트웨어도 있다. 이런 소프트웨어 프로그램을 이용하면 정기적으로 자세를 바로잡는 데 도움이 된다.

# 03

# 환경
## 조정하기

바른 자세 신호를 설정해두었다면 이제는 바른 자세를 위해 환경을 조정해야 한다. 이것은 내가 쓰는 의자, 모니터, 책의 위치 등을 조정하면서 의식하지 않아도 바른 자세가 자연스럽게 이루어지도록 만드는 것이다. 일종의 '넛지nudge' 개념과도 같다. 특히 하루 중 자세가 쉽게 나빠질 수 있는 '업무를 볼 때'와 '공부할 때', '스마트폰 볼 때' 환경을 조정하는 것이 중요하다.

# 업무를
## 볼 때

업무를 볼 때 환경을 조정하기 전에 등받이에 기대어 바른 자세를 취하는 법을 익혀야 한다. 업무를 볼 때는 오랜 시간 앉아서 집중해야 하는 경우가 많은데 의자 등받이는 오랜 시간 앉을 때 허리에 부담을 줄여주고 근육이 지나치게 긴장되지 않도록 도와준다. 일반적으로 업무를 볼 때는 등받이에 기대어 앉는 바른 자세와 몸을 수직으로 세운 바른 자세를 같이 혼용해서 사용한다.

1. 엉덩이를 의자 뒤쪽 끝까지 넣어 앉는다.
2. 허리부터 등까지 길게 늘려 주면서 의자 등받이에 몸을 다 붙이는 느낌으로 기댄다.
3. 정면을 보고 정수리를 위로 늘리면서 머리를 세운다.
4. 어깨에 힘을 빼고 릴렉스 한다.

이 자세를 취한 상태에서 업무 환경을 내 자세에 맞춰서 다음과 같이 조정해야 한다.

**그림 32** 등받이가 있는 의자에 바로 앉은 자세

1. **모니터 높이가 낮지는 않은가?**

   : 모니터 높이는 모니터 끝단에서 1/3 지점 사이에 눈높이가 와야 한다.

2. **모니터 거리가 멀지는 않은가?**

   : 일반적으로 바른 자세에서 팔을 뻗은 만큼 거리에 모니터가 있어야
   한다.

3. **의자 높이는 적절한가?**

   : 작업물이나 키보드에 손을 올렸을 때 팔은 수평을 유지해야 한다.

: 앉은 자세에서 무릎은 90도 각도를 유지해야 한다.

4. **허리 받침대는 허리를 잘 받쳐주고 있는가?**

: 많은 시중에서 판매되는 의자들이 허리를 안쪽으로 받쳐주는 부위가 없

거나 적게 나와 있다. 허리를 받쳐주는 부분이 약하다면 허리 쿠션을 사

용해야 한다.

5. **등받이 각도는 110도로 잘 고정되어 있는가?**

: 등받이 각도가 90도로 세워져 있으면 허리 근육에 부담을 준다. 110

도~120도 사이로 약간 경사진 상태를 유지해야 하며 고정되어 있어야

한다.


이렇게 내 바른 자세에 맞춰서 환경을 조정하면 바른 자세
를 취할 확률을 높여주고 더 편하게 바른 자세를 잡을 수 있다.


## 공부할 때


공부할 때 바른 자세는 업무 볼 때와 같다. 다만 책을 바닥에 놓
고 보는 경우가 많아서 책을 보기 위해 고개를 숙이고 몸을 움츠
리는 자세를 취한다. 이런 자세를 취하면 목 근육과 관절에 스트

레스가 심하게 쌓여 긴장하게 된다. 공부할 때는 반드시 독서대를 사용하자. 독서대는 머리를 숙이는 각도를 줄여준다.

또한 업무용 의자와는 다르게 독서실 의자나 학교 의자는 인체공학적으로 취약한 경우가 많다. 허리를 받쳐주는 부분이 아예 없거나 의자 바닥이 너무 딱딱한 경우다. 공부할 때 이런 의자에서 하게 되면 엉덩이 부분에 방석이나 허리 쿠션을 꼭 사용하자. 그리고 키가 작은 경우 의자가 너무 높아 발이 뜨는 경우가 있다면 발 받침대를 놓아 발이 잘 지지될 수 있게 해야 한다.

## 스마트폰
### 볼때

스마트폰은 최근 바른 자세의 가장 큰 위협이 되는 환경요인이다. 모든 신경을 스마트폰의 액정화면에서 나오는 정보에 집중하도록 만드는데 스마트폰에 집중하다 보면 나도 모르게 자세를 구부리게 된다. 그리고 그 자세를 오랫동안 취하도록 만든다.

스마트폰을 바르게 사용하는 요령은 되도록 폰을 눈높이까지 세워서 보는 것이다. 이때 스마트폰 사용하는 팔을 위로 들어울리기 쉽게 하기 위해 겨드랑이에 손을 끼워 넣을 수 있다. 집에서는 베개나 쿠션을 겨드랑이에 끼우고 스마트폰을 사용하면 자연스럽게 바른 자세를 유지할 수 있다. 만약 주변에 다른 사람이 있어서 프라이버시 문제가 걱정된다면 약간 숙여서 봐도 좋다. 처음에는 어색하더라도 되도록 세워서 사용하려는 노력이 필요하다. 스마트폰 거치대는 스마트폰을 사용하면서 목을 숙이는 것을 어느 정도 막아주므로 사용하는 것을 권장한다.

# 04

# 조력자
# 찾기

## 함께 가야 멀리,
## 오래 간다

자세 습관을 함께 만들 수 있는 파트너 또는 내 자세 습관 만드는 것을 지지해줄 수 있는 사람을 '조력자'라고 한다. 조력자는 더 오랜 시간 바른 자세 습관을 유지하기 위해 큰 도움이 된다.

조력자는 나와 가장 가까운 위치에 있는 사람들이 좋다. 가족이나 직장 동료, 선후배가 가장 적합하다. 그들에게 바른 자세 습관을 알려주고 함께 도와줄 것을 약속하자. 조력자는 그 어떤 바른 자세 신호나 환경 조정보다 바른 자세 습관을 만드는 데 강한 동기부여가 된다.

나는 내 가족을 조력자로 만들었다. 가족들의 자세가 구부정해지면 내가 자세를 직접 잡아주거나 자극을 준다. 마찬가지로 내 자세가 구부정하면 아내와 아이들이 내 자세가 나빠졌음을 알려준다.

## 조력자의 자세를
### 바르게 하기

조력자에게 바른 자세 방법을 가르쳐 줄 때 다음과 같은 방법을 사용해보자. 이 방법은 손을 이용하여 손쉽게 다른 사람의 자세 습관을 유도하는 방법이다. 나는 내 바른 자세의 조력자인 우리 아이들에게 이 방법을 적용한다.

예를 들어 아이들이 책을 보거나 공부를 할 때 구부정한 자세를 취하면 나

**그림 33** 등에 손 붙이기

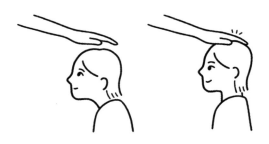

**그림 34** 정수리 늘리기

는 살며시 그 옆으로 다가간다. 그런 다음 오른손은 손바닥을 펴
서 구부정한 등 부위에 놓는다. 등에 놓은 손은 몸을 세우는 기
립근육을 자극한다. 등에 손을 붙이는 순간 아이는 등을 편다.

그런 다음 왼손은 역시 손바닥을 펴
서 정수리 위에 붙였다가 다시 1센
티미터 정도 공간이 생기도록 위로
띄운다. 이렇게 빈 공간을 만들면 사
람은 본능적으로 채우고 싶은 마음
이 들게 된다. 그러고 나서 바른 자세
신호에 해당되는 '키 크~게'를 외친
다. 그러면 아이들은 자연스럽게 등
을 펴고 앉은키를 최대한 크게 하면

**그림 35** 등을 펴고 정수리를 늘리고
"키 크~게!"

서 척추를 세운다. 이런 습관 유도가 반복되면 경험에 의해 '키 크~게' 라는 말만 해도 아이들이 자세를 곧게 세운다.

재미있는 것은 아이들도 나한테 똑같은 행동을 한다는 점이다. 집에서 내가 노트북 작업을 할 때 자세가 구부정하면, 아이들이 나를 보고 깔깔거리면서 '아빠! 키 크~게!'를 외친다. 그러면 나 역시도 자세를 바르게 하고 작업을 이어나간다.

조력자는 많으면 많을수록 좋다. 집에서는 가족이 조력자가 될 수 있고, 일터에서는 직장동료가 훌륭한 조력자가 될 수 있다. 그들은 업무를 볼 때 구부정한 자세를 막아주는 도우미가 된다. 일에 집중하다가 잠시 동료의 자세를 관찰해보자. 그러다가 자세가 구부정해지면 조용히 다가가 한 손은 등, 한 손은 정수리에 대고 '키 크~게' 하면서 바른 자세를 유도하자. 그러면 다음 날 어느새 동료가 나에게 다가와 똑같이 외칠 것이다. '키 크~게!'

# 9장

# 바른 자세에서
# 포스처 파워로

Posture
Power!

**"**

당신은 움츠리기보다

활짝 피어나도록 만들어진 존재입니다.

**오프라 윈프리, 방송인** **"**

# 01

## 포스처 파워를
## 발휘할 때가 왔다

지금까지 기술적인 방법으로 바른 자세를 만들어 보았다. 그리고 그것을 어떻게 습관화시킬 수 있는지 방법을 알아보았다. 이 두 단계를 거치면 바른 자세가 내 것처럼 자연스럽게 느껴지기 시작한다. 그리고 자세 스위치를 껐다 켰다 할 수 있는 정도에 수준에 이른다.

그러나 이것을 일상생활 속에 적용하지 않는다면 무용지물이나 마찬가지다. 스마트폰 개발에서도 기술만큼이나 사용자 경험을 중요하게 본다. 기술을 실생활에 적용할 수 없으면 그 기술은 전혀 의미가 없는 것이나 마찬가지다. 바른 자세도 생활에 유용하게 적용해야 한다. 그래야 비로소 포스처 파워가 발휘된다.

우선 튜토리얼 단계로 바른 자세로부터 나오는 여러 가지 긍정적인 에너지를 경험해야 한다. 이 단계에서는 기술적으로 익히고 습관화한 바른 자세를 마음, 건강, 외모와 연결하고 느껴보는 단계다. 그런 다음, 중급 단계로 일상생활 속에서 실제로 바른 자세를 실천해보면서 포스처 파워를 발휘하는 연습을 한다. 마지막 고급 단계에서는 긴급 상황이나 돌발 상황에서 포스처 파워를 활용하여 상황을 극복하는 법을 훈련해보자.

# 02

# 바른 자세를
## 마음, 건강, 외모와 연결하기

## 긍정적인 경험의
## 중요성

가장 먼저 해야 할 것은 바른 자세를 통한 긍정적이고 좋은 경험
들을 겪는 것이다. 이 과정을 통해 바른 자세가 가지고 있는 긍
정적인 에너지를 느낄 수 있다. 만약 이런 긍정적인 경험을 겪
지 않으면 바른 자세는 껍데기에 불과해진다.

지금도 많은 사람들이 바른 자세는 하기 힘들고 귀찮은데 건
강 때문에 억지로 해야 하는 것으로 간주한다. 이것은 철저히

부정적인 경험으로부터 비롯된 것이다. 이렇게 바른 자세를 취하면 누가 시켜서 하거나 의무적으로 하는 것과 같이 '통제받는 경험'을 겪는다. 아무리 바른 자세의 느낌을 잘 찾아도 몸과 마음에서 충돌을 일어날 수밖에 없다. 이런 부정적인 경험은 지속적으로 바른 자세를 취하는 데 방해가 된다.

바른 자세는 철저히 자발적인 의지와 즐거운 경험을 바탕으로 이루어져야 한다. 운동을 즐겨 하는 사람은 운동을 해서 느껴지는 신체적 개운함과 체력적인 강인함을 느끼기 위해 운동을 한다. 독서를 즐겨하는 사람은 책을 읽음으로 인해 느껴지는 정신적 충만함을 즐긴다.

이와 마찬가지로 바른 자세도 그것을 취함으로써 느껴지는 좋은 느낌과 경험을 겪어야 한다. 바른 자세로 인해 자신감 있는 마음, 강해지는 몸, 매력적인 외모와 같은 긍정적인 경험을 겪다 보면 그 이후부터는 저절로 바른 자세를 취하게 된다. 또한 상대적으로 나쁜 자세에 대한 부정적인 경험들이 인지되어 무심코 나쁜 자세를 취했다 하더라도 빨리 자세를 고쳐잡을 수 있다.

실생활에 적용하기에 앞서 바른 자세, 나쁜 자세를 번갈아 바꿔 취해보면서 마음, 신체, 외모 순서로 어떤 느낌과 경험이 생기는지 체험해보자.

## 자세별로
## 마음의 변화 느끼기

앉은 자리에서 구부정한 자세를 의도적으로 취해보자. 이때 내 자세를 인지하고 현재 내 감정이 어떤 느낌이 드는지 느껴보자. 기분이 좋아지는지 나빠지는지 마음의 상태에 집중해보자. 그리고 자세를 바르게 세운 다음 내 감정의 변화가 다시 어떻게 바뀌는지 느껴보자. 어떤 자세를 취했을 때 마음이 더 긍정적인 상태로 바뀌는가?

걸을 때도 의도적으로 구부정한 자세로 걸어보자. 구부정한 자세로 걸을 때 기분을 느껴보고 반대로 자세를 곧게 세우고 걸었을 때 느낌을 비교해보자. 어떤 차이가 느껴지는가?

## 신체 에너지
## 느끼기

자세를 바르게 했을 때와 구부정하게 했을 때 신체 에너지의 차이를 느껴본다.

## 심호흡하기

몸을 움츠리고 구부정한 자세에서 숨을 크게 들여마셔 보자. 그다음에 자세를 바르게 한 다음 숨을 크게 들여마셔 보자. 어떤 자세에서 호흡이 더 깊고 편하게 이뤄지는가? 어떤 자세에서 늑골이 더 잘 벌어지는가?

## 뒤돌아보기

구부정한 자세에서 몸을 돌려 뒤를 돌아보자. 그다음에는 바른 자세를 한 상태에서 같은 방향으로 뒤를 돌아보자. 어떤 자세에서 몸이 더 잘 돌아가는 것이 느껴지는가?

이번에는 몸을 옆으로 삐딱하게 기울인 다음에 오른쪽, 왼쪽으로 몸을 돌려보자. 반대로 바른 자세를 한 상태에서 오른쪽, 왼쪽으로 몸을 돌려보자. 어떤 자세로 돌릴 때 돌아가는 범위에 있어 좌우 차이가 크게 느껴지는가?

## 소리 내기

구부정한 자세에서 '아-에-이-오-우' 소리를 내보자. 그리고 바른 자세에서 '아-에-이-오-우' 소리를 내보자. 이번에는 두 자세로 각각 가장 좋아하는 노래를 불러보자. 어떤 자세에서 목소리 울림이 더 잘 느껴지고 노래가 더 잘 되는가?

## 물통 들기

목을 구부리고 어깨를 움츠린 상태에서 1리터짜리 물통을 집어서 들어올려보자. 목을 바르게 세우고 어깨를 편 자세에서 물통을 들어보자. 어떤 자세에서 물통을 들 때 더 가볍다는 느낌이 드는가?

# 외모
## 비교하기

이번에는 거울을 보면서 두 자세에 따른 외모를 비교해본다.

Q. 어떤 자세를 취했을 때 더 날씬해 보이는가?

Q. 어떤 자세를 취했을 때 더 키가 커 보이는가?

Q. 어떤 자세를 취했을 때 더 자신감 있어 보이는가?

Q. 어떤 자세를 취했을 때 더 매력 있어 보이는가?

Q. 어떤 자세를 취했을 때 더 젊어 보이는가?

**Q.** 어떤 자세를 취했을 때 더 품위 있어 보이는가?

이렇게 혼자서 바른 자세와 구부정한 자세에 따른 마음, 몸, 외모의 차이를 경험한 다음에는 주변 가족과 동료들에게도 물어보자. 바른 자세와 구부정한 자세를 번갈아 취해서 보여준 다음 주변 사람들에게 어떤 자세가 더 보기 좋은지 물어보자. 어떤 자세가 더 건강해보이고 젊어 보이며 매력적으로 보이는지 물어보자. 직접 물어보는 것이 아니라도 사진을 찍은 다음 SNS를 통해 어떤 모습이 더 좋아 보이는지를 물어보자. 사람들은 어떤 자세에서 내 모습을 긍정적으로 평가하는가?

## 타인의 자세
### 관찰하기

내 자세뿐 아니라 타인의 자세를 보고 어떤 느낌이 드는지 느껴보자. 드라마, 영화를 보면서 배우들의 자세를 손쉽게 관찰할 수 있다. 배우가 슬프고 우울한 연기를 할 때는 자세를 어떻게 취하는가? 자신감 넘치고 활기찬 연기를 할 때는 어떤 자세를 취하는가?

　반대로 TV에 출연하는 출연자들의 자세를 보면서 그에 따른
느낌을 느껴보자. 출연자의 자세가 바른 자세일 때 어떤 느낌
이 느껴지는가?

　카페에서 차를 마실 때에도 주변 사람들의 자세를 살펴보자.
카페 안에 앉아 있는 사람들의 자세는 어떤가? 그리고 그 모
습이 어떻게 느껴지는가? 길거리에서 걸어다니는 사람들은 어
떤 자세로 걷고 있는가? 그 모습이 어떤 느낌으로 다가오는가?

내 안의 좋은 에너지를 끌어내기 위한 포스처 파워 프로그램

POSTURE
POWER

# 일상 속에서
# 포스처 파워 훈련하기

바른 자세로 인한 긍정적인 에너지를 느꼈다면 이제는 실생활에서 포스처 파워를 적용해보고 실천해보자. 아침에 일어나는 순간부터 자기 전까지 바른 자세를 어떻게 활용하고 적용해야 하는지 알아보자.

## 세수할 때

아침에 잠자리에서 일어난 직후에는 허리 근육이 약한 상태다.

밤새 쉬고 있던 근육이 아직 덜 깨어, 관절을 잘 잡아주지 못한다. 그래서 간혹 세수를 하기 위해 몸을 숙이다가 허리가 아파 쓰러지는 경우가 있다. 양치질을 하다가 헛구역질을 할 때도 허리에 극심한 통증을 호소하게 되는 경우도 있다. 이런 일이 생기면 그날 하루는 병원 신세를 져야만 한다.

이럴 때 포스처 파워를 이용해보자. 세수를 하거나 양치질을 하기 전에 거울을 보고 척추를 곧게 세운다. 그리고 척추에서 느껴지는 3가지 힘을 잘 유지하면서 고관절과 무릎만 이용하여 몸을 앞으로 숙여보자. 이렇게 하면 아침에 약한 상태인 허리 근육을 보호하면서 통증을 예방할 수 있다.

## 지하철에 서 있을 때

지하철에서 서 있을 때는 양발을 골반 너비로 벌린 다음 배에 힘을 주고 몸을 세운다. 만약 백팩을 메고 있다면 앞으로 매는 것이 좋다. 소매치기를 예방하고 뒷사람에게 부딪히지 않기 위한 에티켓으로 많이 알려져 있다.

그런데 이 방법은 허리를 보호하는 데도 아주 좋다. 가방으로 인해 뒤로 쏠려 있던 무게중심을 앞으로 쏠리게 하여 허리 근육의 스트레스를 분산시키기 때문이다. 나도 지하철을 타면 항상 백팩을 앞으로 하고 탄다. 그러면 허리가 편해지는 느낌을 느낀다. 옆으로 매는 숄더백도 마찬가지다. 한쪽으로 숄더백을 매면 자세를 불균형하게 만든다. 좌우 엇갈려 매면서 교차하여 한쪽으로만 자세가 잡히지 않게 하는 것이 좋다.

## 출근길에

부랴부랴 나가게 되는 출근길이나 통학길에도 정면을 보고 바른 자세로 걸어보자. 바른 자세로 걸으면 기분이 좋아진다. 마음이 당당해질뿐더러 자신감도 생긴다. 그리고 아침에 억지로 회사나 학교로 가는 것이 아니라 내가 선택해서 주도적으로 가고 있다는 느낌이 든다. 그러나 땅을 보고 몸을 숙이고 걸으면 가기 싫은 것을 억지로 가는 느낌이 든다. 물론 이 모든 것이 가능하려면 지각하지 말아야 한다. 시간적인 여유가 없으면 바른 자세를 취할 수 없다.

## 업무 시작할 때

업무를 시작할 때는 가장 에너지가 넘칠 때다. 이때 엉덩이를 가지런히 놓고 척추를 바르게 세운 뒤 1분간 하루 동안 해야 할 일을 정리해보자. 이렇게 하면 아침에만 느낄 수 있는 신선한 에너지를 한껏 느낄 수 있다. 그리고 더 능동적이고 활기차게 하루를 시작하는 느낌이 느껴진다.

업무를 시작할 때부터 몸을 구부리거나 기대어 앉는 자세를 취하면 하루 전체의 업무가 수동적이고 피곤한 느낌이 든다. 또한 신체 에너지가 충만한 오전 때 자세가 나쁘면 신체 에너지가 급격히 떨어지는 오후에는 자세가 더욱 나빠진다.

## 식사할 때

식사를 할 때는 그릇에 얼굴을 묻듯이 너무 구부정한 자세로 먹지 않는다. 이 자세는 품위가 없어 보이기도 하지만 음식을 소화시키는 데 있어 여러 문제를 일으킨다. 구부정한 자세는 턱관절의 움직임을 제한하여 음식물을 제대로 씹지 못하게 할뿐더러 식도를 좁히고 장기를 압박하여 소화를 불편하게 만든다. 음식을 흘리지 않을 정도로 가볍게 몸을 앞으로 기울이되, 음식을 씹을 때나 삼킬 때는 되도록 몸을 세우고 식사를 하는 것이 좋다.

식사를 다한 다음에는 바른 자세로 주변을 산책하는 것이 좋다. 이런 가벼운 산책은 장의 연동 작용을 활발하게 만들고 소화가 잘 되도록 돕는다.

## 회의 중에

회의를 하는 동안에는 발표자를 향하여 가지런히 앉는 것이 기본이다. 준비된 문서나 자료를 보더라도 발표자가 중심이 되어 말을 할 때는 그를 향해 몸을 돌려 앉아야 한다. 이것은 발표자 입장에서 좋은 태도로 느껴진다. 자신의 이야기를 경청하고 있다고 여기기 때문이다.

반대로 내가 발표자일 때도 상대방의 자세를 관찰해보자. 어떤 사람을 바라보고 말을 하게 되는지 느껴보자. 나를 향해 앉아서 자세를 바르게 하고 있는 사람이 있다면 나도 모르게 그 사람을 보고 말을 하고 있는 자신을 발견하게 될 것이다.

서로 의견에 대해 토론하는 과정에서는 자세가 더욱 중요하다. 옆으로 기대거나 뒤로 몸을 기댄 자세에서 토론을 하면 상대방의 기분을 불쾌하게 할 수 있다. 몸을 곧게 세운 자세로 내 의견에 피력하면 상대방이 불쾌하지 않으면서 내 주장을 강하게 어필할 수 있다.

## 커피숍에서
## 대화를 나눌 때

커피숍에서 누군가와 차를 마실 때는 몸을 옆으로 기대면서 삐딱하게 앉지 않도록 주의한다. 이 자세는 상대방에게 내가 당신을 무시하고 있다는 메시지를 던질 수 있다. 설령 진짜 마음속으로 상대방을 무시한다고 해도 되도록 가지런히 앉아 몸을 세우고 앉아야 한다. 이건 사람으로서 기본적인 배려이기 때문이다.

그래서 나는 혹시나 모를 실수를 하지 않기 위해 모르는 사람과 커피를 마셔야 할 때는 절대로 푹신한 소파에 앉지 않는다. 등받이가 있는 단단한 나무 의자에 앉는다. 나무 의자는 엉덩이를 뒤로 깊숙이 넣어주는 것만으로도 바른 자세를 쉽게 유지할 수 있기 때문이다.

## 운전 중에

운전을 하다 보면 욕망의 충돌이 자주 일어난다. 나는 엄청 빨리 갈 수 있는 힘과 능력이 있는데, 반복해서 신호등이 가로막고 보행자가 가로막고 다른 차가 가로막는다. 이런 욕망의 충돌로 스트레스가 생기기 때문에 운전을 하다보면 나도 모르게 몸이 움츠러들고 어깨가 긴장된다.

운전할 때는 시트에 허리와 등을 다 붙이고 머리 받침대에 뒷머리를 기댄다. 시야를 확보하기 위해 몸을 움직이는 것 외에는 이런 자세를 운전의 기본자세로 하여야 한다. 그리고 무엇보다 여유 있게 운전하겠다는 마음가짐이 필요하다. 여유 있는 운전 자세야말로 가장 안전한 자세다.

쇼핑몰은 포스처 파워를 적용하기에 딱 알맞은 장소다. 좋은 옷과 제품들이 즐비하고 멋진 조명과 인테리어로 가득하다. 쇼핑몰을 오랜 시간 걷기도 하고, 매장 직원과 대화를 나누기도 한다. 그리고 직원과 물건값에 대한 협상이 이루어지기도 한다.

쇼핑몰에 들어서면 일단 우아하고 기품 있게 걸어보자. 자세를 가지런히 세우고 몸은 긴장되지 않도록 유지한다. 어깨를 넓게 펼쳐 자신감이 드러나도록 하자. 걸음걸이는 너무 빨라서는 안 된다. 시간을 여유롭게 사용하는 듯한 느낌으로 여유 있게 걸어보자.

옷을 고를 때 등을 구부려 옷을 확인하기보다는 되도록 몸을 세우고 옷을 들어올려서 보자. 또한 혹여 옷의 가격이 내가 느끼기에 고가라 하더라도 주눅이 들거나 자세가 구부정해져선 안 된다. 그럴수록 자세를 더 곧게 유지하도록 노력해보자.

매장 점원과 대화를 나눌 때도 자세를 바르게 유지하고 자연스럽게 대화를 나누어 보자. 점원은 당신의 곧은 자세를 보고 당당하고 자신감 있는 사람으로 여길 것이다. 이렇게 하면 점원들의 나에 대한 태도도 평소보다 친절해지는 것을 느낄 수 있다.

## 마트에서

마트에서는 포스처 파워를 통한 신체의 힘을 활용할 수 있다. 물건을 카트에 담는 순간 대부분 팔의 힘만을 이용해서 물건을 나를 것이다. 이때 팔 힘이 아니라 허리 힘을 이용하여 물건을 집는 연습을 해보자. 내쉬는 호흡에 맞추어 아랫배에 힘을 주고 허리를 편 다음 그 힘을 팔로 전달하여 물건을 들어보자. 그리고 물건을 들 때 팔에 들어가는 최소한의 힘이 어느 정도인지 느껴보고 적절한 힘으로 물건을 나른다. 너무 크지도 작지도 않게 딱 물건을 들 정도의 힘만 이용하면 된다.

카트를 밀고 갈 때도 마찬가지다. 내쉬는 호흡에 아랫배에 힘을 주어 허리를 단단하게 잡는다. 그런 다음 의도적으로 척추를 곧게 세워보자. 카트를 밀 때 발에 실리는 힘을 느껴보고 그 반발력을 이용하여 카트를 밀어보자. 이렇게 하면 카트가 더 쉽게 밀리는 것을 느낄 것이다. 카트를 옮기면서 방향을 바꿀 때도 마찬가지다.

항상 배에 힘을 주고 척추를 가지런히 세우도록 노력하자. 가벼운 물건이라도 이런 패턴으로 쇼핑하는 연습을 하면 언제 어디서든 포스처 파워를 쉽게 발휘할 수 있을 것이다.

# 04

# 포스처 파워로
## 위기 상황 극복하기

갑자기 예상치 못한 상황이 발생하여 마음이 긴장되거나 초조할 때, 또는 중요한 일을 잘 처리해야 할 때 포스처 파워는 큰 힘을 발휘한다. 상황별로 미리 살펴보면서 준비해보자. 그리고 그 상황에 직면했을 때 나는 어떤 자세로 대처할 것인지 생각해보자. 이런 상황을 미리 준비하는 것만으로도 실제 그 상황을 직접 대면했을 때보다 여유롭게 대처할 수 있다.

## 프레젠테이션
## 할 때

직장 상사 앞에서 새로운 사업 기획안을 발표해야 할 때 마음이 지나치게 긴장이 될 때가 있다. 과도한 긴장은 자세를 움츠러들게 하여 자신감이 줄어들도록 만들뿐더러 집중력을 흐트러트린다. 이때 긴장을 완화하고 자신감을 높이는 것이 중요한데 이때 포스처 파워를 이용할 수 있다.

　우선 긴장되는 상황에 직면하기 전에 화장실이나 비상계단을 이용한다. 배에 힘을 주고 척추를 길게 늘린다. 어깨를 펴고 입가에 미소를 머금고 심호흡을 열 번 정도 한다. 그리고 마음속으로 잘할 수 있다는 긍정적인 메시지를 떠올린다. 화장실이나 비상계단에서 바른 자세를 취해볼 여유가 없는 바쁜 상황이라면, 발표장으로 이동하는 찰나에도 당당하게 걸으면서 바른 자세를 취해보자. 이런 방법을 이용하면 지나친 긴장감을 해소하고 자신감을 얻을 수 있다.

# 중요한 미팅을
## 할 때

중요한 비즈니스 미팅을 할 때 포스처 파워는 보이지 않지만 강력한 힘을 발휘한다. 당신은 회사를 대표하는 사람이다. 회사를 대표하여 거래를 담당하고 실무를 다루는 사람이다. 따라서 당신이 하는 모든 행동은 대표성을 가지고 있다.

자세도 마찬가지다. 당신이 취하는 자세는 당신 혼자의 자세가 아니라 비즈니스 상대 입장에서는 제품의 자세이자 회사의 자세다. 그러므로 바른 자세와 자신 있는 태도를 통해 당신의 제품이나 서비스가 얼마나 가치가 있는 것인지를 드러내야 한다. 자세가 구부정하면 제품과 서비스에 자신이 없음을 드러낸다.

자세가 거만하면 비즈니스 상대를 무시하는 느낌을 줄 수 있다. 바른 자세로 자신감을 드러내되 태도를 좋게 보이도록 하는 것이 좋다. 협상을 할 때도 마찬가지다. 바른 자세를 취해 상대방에게 자신감을 보여주어야 한다. 당신이 가진 협상 카드가 설령 하나도 없다 하더라도 자세만 바르게 하는 것만으로도 상대방은 협상 카드를 가지고 있다고 여기게 될 것이다.

## 마감 직전
### 일이 잘 풀리지 않을 때

마감 시간은 다가오는데 일이 잘 풀리지 않으면 스트레스를 받는다. 시간은 촉박해지고 마음은 긴장되어 아무 해결책도 떠오르지 않는다. 이럴 때는 바른 자세로 10분 정도 회사 주변을 걸어보자. 이때 팔다리를 리드미컬하게 교차해서 움직이는 것이 좋다. 바른 자세는 신체 에너지를 높일뿐더러 팔다리를 교차해서 걷는 행동은 우리 뇌의 다양한 영역을 활발하게 만든다. 이렇게 10분 정도만 움직이면 기분이 전환되면서 생각지도 않았던 문제해결 방법이 떠오르고 새로운 아이디가 떠오른다.

## 투자 유치 미팅을
### 할 때

투자를 받을 때도 포스처 파워를 발휘할 수 있다. 투자자들은 자신의 돈을 확실한 곳에 투자하고 싶어한다. 당신의 비즈니스 모델이 얼마나 매력적인지, 개발한 제품이 얼마나 시장성이 있는지 투자자들에게 바른 자세로 자신감을 보여줘야 한다. 특히 당신이 회사 대표라면 더더욱 자세를 바르게 해야 한다. 자세가 구부정하면 사업의 대표로서 안정감이 떨어져 보이고 리더십이 떨어져 보인다.

투자의 기본은 수익성과 안정성이다. 바른 자세는 투자자들에게 이 두 가지를 상징하는 좋은 표현 수단이다. 투자자를 만나기 전에 배에 힘을 주고 척추를 가지런히 세우자. 특히 어깨 자세를 주의해야 한다. 어깨는 자신감을 드러내는 가장 상징적인 신체 부위다. 투자자를 만나는 동안 어깨가 움츠러들지 않도록 주의하자.

## 소개팅을
### 할때

소개팅을 하는데 마음에 드는 이성을 만났다면 심장이 뛰고 급한 마음이 들 것이다. 이때 절대로 서두를 필요가 없다. 일단 다리를 11자로 가지런히 하고 몸을 세우자. 그리고 몸의 방향을 상대방을 향해 가지런히 앉자. 그저 자세를 바르게 고쳐앉아 상

내 안의 좋은 에너지를 끌어내기 위한 포스처 파워 프로그램

대방의 이야기를 경청하는 것만으로도 상대방은 당신의 태도를 마음에 들어 할 것이다. 이 자세를 기본자세로 하여 편하게 제스처도 취하고 움직여도 좋다.

단, 등받이에 기대거나 앞으로 구부정한 자세는 금물이다. 이런 자세는 매력을 떨어뜨린다. 특히 옆으로 기대어 앉는 자세는 이 상황을 끝내고 싶다는 의사표현이다. 그 자세를 취하는 것만으로도 앞에 앉은 이성은 이 자리를 언제 끝내야 할지 생각하게 될 것이다.

화장실을 잠깐 다녀오거나 자리를 이동할 때도 자세를 신경 쓰자. 직접 말을 하지 않아도 바른 자세는 당신이 자신감이 있고 당당한 사람이라는 것을 이성에게 어필하는 좋은 방법이다.


## 모르는 사람들 앞에서
## 스피치 할 때

모르는 사람들 앞에서 스피치를 할 때는 첫 10분이 골든타임이다. 이 10분 동안 사람들은 당신을 탐색한다. 이 사람은 어떤 사람인지, 무슨 일을 했는지 등 많은 것들을 궁금해한다. 모르는 사람을 처음 대하면 낯설고 어색하듯이 청중도 당신이 낯설고 어색한 것이다.

이때 자신을 소개하는 과정에서 자세가 구부정하면 당신이 긴장하고 있음이 청중에게 드러난다. 이때 긴장된 마음에도 불구하고 자세를 바르게 세워야 한다. 사람들은 당신의 커리어보다 자세를 먼저 본다. 태도만 좋게 해도 사람들은 관심을 보이며 당신 이야기를 들어준다.

자세가 구부정하거나 삐딱하면 청중은 당신이 어떤 훌륭한 일을 하는지, 어떤 능력이 있는지보다 현재 태도가 좋지 않다는 것을 느끼게 된다. 그러고는 당신에게 큰 관심을 보이지 않는다. 스피치를 시작할 때는 배에 힘을 주고 가지런히 세우고 어깨를 펴자. 자신이 얼마나 중요한 사람인지 자세로 표현하자.

또한 스피치를 진행하는 도중에 사람들이 자기 이야기에 주목하고 있다는 느낌을 받는다. 이 과정에서 저도 모르게 자신감이 과해지면서 주머니에 손을 넣거나 건방진 자세를 취하게 된다. 이때도 자세는 흐트러지지 않아야 한다. 스피치 처음부터 끝날 때까지 심지어 퇴장하는 순간까지도 바른 자세를 유지하자.

# 몸으로 표현하는 마음의 힘,
# 포스처 파워를 누리자

'자세'라는 주제로 공부를 하고 활동한 지 10년이 되었다. 그때
부터 지금까지, 자세와 관련된 모든 정보는 나쁜 자세에 초점
이 맞춰져 있다. 그 정보들은 나쁜 자세를 취했을 때 생기는 위
험을 크게 부각했다. 그 과정에서 아주 자연스럽게 어떤 경향이
생겼다. 나쁜 자세를 취하는 사람들이 마치 잘못된 것처럼 여겨
지는 것이었다.

"당신 목이 거북목이니 빨리 교정해야 합니다."

"당신 허리는 일자 허리입니다. 허리디스크를 유발할 수 있습니다."

"어깨가 굽었네요. 오십견이 사십견이 될 수 있어요."

그러나 대부분 사람들은 일부러 나쁜 자세를 취하지 않는다. 그저 열심히 살다보니 그런 자세를 취했을 뿐이다. 설탕이 몸에 좋지 않다는 것을 알지만 먹고 싶어지는 것처럼, 나쁜 자세도 건강에 나쁘다는 것을 알지만 우리는 저도 모르게 그것을 취하게 된다.

우리 뇌는 옳고 그름을 판단하는 것이 아니라 그저 내가 반복해서 했던 행동과 자세를 내 것이라 여긴다. 그러므로 내가 나쁜 자세 습관을 가지고 있다고 해서 절대로 내가 잘못된 것이 아니다. 환경에 맞춰서 열심히 살아가는 과정에서 우리 몸이 나쁜 자세에 적응된 것뿐이다.

자세를 교육하고 상담하면서 나쁜 자세의 문제점에 초점을 맞춘 메시지 방식이 사람들의 자세를 바르게 하는 데 큰 도움이 되지 않는다는 것을 알게 되었다. 이런 방식은 상황을 더 악화시키는 것 같았다. 사람들에게 어떠한 자세도 취하면 안 될 것 같은 불안감을 주었다. 목을 숙여도 안 되고 다리를 꼬고 앉아서도 안 되며 옆으로 기대어 앉아도 안 된다. 사람들은 뻣뻣하게 몸을 세운 자세를 취하며 내게 물었다.

"그럼 이런 자세로만 살아야 하나요?"

이것은 바른 자세 습관에 대한 일종의 강요다. 그런 메시지 방식은 잠깐은 통할지 몰라도 바른 자세를 지속적으로 취하게 하지 못한다. 나는 이 과정에서 사람들에게 바른 자세의 긍정적인 면을 강조하고 그것을 직접 경험하게 하는 것이 중요함을 알게 되었다.

바른 자세를 취해서 한 번이라도 긍정적인 경험을 겪어본 사람들은 남이 강요하지 않아도 스스로 바른 자세 습관을 유지한다. 그리고 무엇보다 그들은 나쁜 자세의 불편함을 빨리 인지하고 자세를 고쳐잡는다.

예를 들어 바른 자세로 일을 해본 사람들은 자세가 조금이라도 구부정해지면 몸이 불편함을 느낀다. 바른 자세로 운동을 해본 사람들은 어쩌다 나쁜 자세로 운동하면 힘이 잘 들어가지 않음을 느낀다. 그래서 이내 곧 바른 자세를 취한다. 바른 자세의 좋은 점과 바른 자세 잡는 법을 제시하는 것이 결국 나쁜 자세에 대한 많은 문제를 해결하는 가장 좋은 대안이다. 사람들이 스스로 바른 자세를 취한다면 나쁜 자세로 인한 불편함이나 부정적인 측면은 자연스럽게 해소되기 때문이다.

바른 자세는 무조건 좋고 삐딱한 자세는 무조건 나쁜가? 나는 이분법적으로 구분하지 않는다. 바른 자세도 내 삶의 일부이고 나쁜 자세도 내 삶의 일부다. 어떤 자세든 내 삶의 일부임을 인정하고 상황에 맞게 자세를 취할 것을 강조한다. 구부정한 자세든 바른 자세든 어떤 자세를 취할지에 대한 선택은 독자의 몫이다.

이 책을 읽는 분들이 한 번이라도 자연스럽게 바른 자세를 취했다면 이 책의 목적은 달성한 것이다. 이 책에 소개한 내용처럼, 바른 자세를 취했을 때 얻는 포스처 파워, 즉 자세만 바꿔도 사람들의 눈빛이 달라지는 경험을 독자들이 많이 누리기를 바란다.

자, 이제 책을 덮고 밖으로 나가보자. 당신 앞에 다른 세상이 펼쳐질 것이다. 책을 읽기 전에는 보이지 않던 사람들의 자세가 보이기 시작하고 그들의 포스처 파워가 느껴지기 시작할 것이다. 당신은 어느덧 포스처 피플이 된 것이다.

01 출처: 고려대 한국어대사전

02 http://phenomena.nationalgeographic.com/2008/08/13/blindolympic-athletes-show-the-universal-nature-of-pride-and-shame/

03 Inhibiting and facilitating conditions of the human smile: a nonobtrusive test of the facial feedback hypothesis. Strack F1, Martin LL, Stepper S. J Pers Soc Psychol. 1988 May;54(5):768-77.

04 http://www.sfgate.com/health/article/How-posture-influencesmood-energy-thoughts-4784543.php

05 Peper, E., Lin, I-M., Harvey, R., & Perez, J. (2017). How posture affects memory recall and mood. Biofeedback, 45 (2), 36-41. https://peperperspective.com/tag/power-posture/

06 http://www.nytimes.com/2011/02/22/health/22really.html

07 Do Slumped and Upright Postures Affect Stress Responses? A Randomized Trial. Nair S, Sagar M, Sollers J, Consedine N, Broadbent E. Health Psychol. 2015 Jun;34(6):632-41. doi: 10.1037/hea0000146. Epub 2014 Sep 15.

08 Erik Peper and I-Mei Lin (2012) Increase or Decrease Depression: How Body Postures Influence Your Energy Level. Biofeedback: Fall 2012, Vol. 40, No. 3, pp. 125-130.

09 Upright posture improves affect and fatigue in people with depressive symptoms. Wilkes C, Kydd R, Sagar M, Broadbent E. Journal of Behavior Therapy Experimental Psychiatry. 2017 Mar;54:143-149. doi: 10.1016/j.jbtep.2016.07.015. Epub 2016 Jul 30.

10 https://www.researchgate.net/publication/303540780_Increase_Strength_and_Mood_with_Posture

11 https://www.bodyzone.com/posture-exercise-and-healthspan/

12 Human Fluctuating Asymmetry and Sexual Behavior. Randy Thornhill and Steven W Gangestad. Psychological Science. 1994 Sep. Vol 5, Issue 5, p297-302.

13 https://www.indiatimes.com/health/healthyliving/how-postureaffects-your-looks-238609.html

14 Masked Presentations of Emotional Facial Expressions Modulate Amygdala Activity without Explicit Knowledge. Paul J. Whalen, Scott L. Rauch, Nancy L. Etcoff, Sean C. McInerney, Michael B. Lee, and Michael A. Jenike. Journal of Neuroscience 1 January 1998, 18 (1) 411-418

15 http://terms.naver.com/entry.nhn?docId=1233745&cid=40942&categoryId=31611

16 《당신은 생각보다 많은 것을 말하고 있다》 재닌 드라이버 외 지음. 비즈니스북스, pp99-101.

17 Powerful Postures Versus Powerful Roles: Which Is the Proximate Correlate of Thought and Behavior? Li Huang, Adam D. Galinsky, Deborah H Gruenfeld, Lucia E. GuilloryVolume: 22 issue: 1, page(s): 95-102.